অবরোধ বাসিনী

বেগম রোকেয়া সাখাওয়াত হোসেন

অবরোধ বাসিনী

আমরা বহু কাল হইতে অবরোধ থাকিয়া থাকিয়া অভ্যস্ত হইয়া গিয়াছি সুতরাং অবরোধের বিরুদ্ধে বলিবার আমাদের-বিশেষতঃ আমার কিছুই নাই। মেছোণীকে যদি জিজ্ঞাসা করা যায় যে, "পচা মাছের দুর্গন্ধ ভাল না মন্দ?"-সে কি উত্তর দিবে?

এস্থলে আমাদের ব্যক্তিগত কয়েকটি ঘটনার বর্ণনা পাঠিকা ভগিনীদেরকে উপহার দিব-আশা করি, তাঁহাদের ভাল লাগিবে।

এস্থলে বলিয়া রাখা আবশ্যক যে গোটা ভারতবর্ষে কুলবালাদের অবরোধ কেবল পুরুষের বিরুদ্ধে নহে, মেয়েমানুষদের বিরুদ্ধেও। অবিবাহিতা বালিকাদিগকে অতি ঘনিষ্ঠ আত্মীয়া এবং বাড়ীর চাকরাণী ব্যতীত অপর কোন স্ত্রীলোকে দেখিতে পায় না।

বিবাহিতা নারীগণও বাজীকর-ভানুমতী ইত্যাদি তামাসাওয়ালী স্ত্রীলোকদের বিরুদ্ধে পর্দ্দা করিয়া থাকেন। যিনি যত বেশী পর্দ্দা করিয়া গৃহকোণে যত বেশী পেঁচকের মত লুকাইয়া থাকিতে পারেন, তিনিই তত বেশী শরীফ।

শহরবাসিনী বিবিরাও মিশনারী মেমদের দেখিলে ছুটাছুটি করিয়া পলায়ন করেন। মেম ত মেম-সাড়ী পরিহিতা খ্রীষ্টান বা বাঙ্গালী স্ত্রীলোক দেখিলেও তাঁহারা কামরায় গিয়া অর্গল বন্ধ করেন।

সূচীপত্র

১	৬
২	৭
৩	৯
৪	১০
৫	১১
৬	১২
৭	১৩
৮	১৫
৯	১৬
১০	১৮
১১	১৯
১২	২০
১৩	২১
১৪	২২
১৫	২৩
১৬	২৪
১৭	২৫
১৮	২৬
১৯	২৭
২০	২৯
২১	৩১
২২	৩২
২৩	৩৩
২৪	৩৫
২৫	৩৬

২৬	৩৭
২৭	৩৯
২৮	৪০
২৯	৪১
৩০	৪৩
৩১	৪৪
৩২	৪৫
৩৩	৪৭
৩৪	৪৯
৩৫	৫০
৩৬	৫২
৩৭	৫৪
৩৮	৫৫
৩৯	৫৬
৪০	৫৮
৪১	৫৯
৪২	৬২
৪৩	৬৩
৪৪	৬৪
৪৫	৬৫
৪৬	৬৬
৪৭	৬৮

অবরোধ বাসিনী – ১

[১]

সে অনেক দিনের কথা–রংপুর জিলার অন্তর্গত পায়রাবন্দ নামক গ্রামের জমীদার বাড়ীতে বেলা আন্দাজ ১টা–২টার সময় জমীদার–কন্যাগণ জোহরের নামাজ পড়িবার জন্য ওজু করিতেছিলেন। সকলের অজু শেষ হইয়াছে কেবল "আ" খাতুন নাম্নী সাহেবজাদী তখনও আঙ্গিনায় ওজু করিতেছিলেন। আলতার মা বদনা হাতে তাঁহাকে ওজুর জন্য পানি ঢালিয়া দিতেছিল। ঠিক সেই সময় এক মস্ত লম্বাচৌড়া কাবুলী স্ত্রীলোক আঙ্গিনায় আসিয়া উপস্থিত! হায়, হায়, সে কি বিপদ! আলতার মার হাত হইতে বদনা পড়িয়া গেল–সে চেঁচাইতে লাগিল–"আউ আউ! মরদটা কেন আইল!" সে স্ত্রীলোকটি হাসিয়া বলিল, "হেঁ মরদানা! হাম্ মরদানা হায়?" সেইটুকু শুনিয়াই "আ" সাহেবজাদী প্রাণপণে ঊর্ধ্বশ্বাসে ছুটিয়া তাঁহার চাচীআম্মার নিকট গিয়া মেয়েমানুষ হাঁপাইতে হাঁপাইতে ও কাঁপিতে কাঁপিতে বলিলেন, "চাচি আম্মা! পায়জামা পরা একটা মেয়েমানুষ আসিয়াছে!!" কর্ত্রী সাহেবা ব্যস্তভাবে জিজ্ঞাসা করিলেন, "সে তোমাকে দেখিয়াছে?" "আ" সরোদনে বলিলেন "হাঁ"! অপর মেয়েরা নামাজ ভাঙ্গিয়া শশব্যস্তভাবে দ্বারে অর্গল দিলেন–যাহাতে সে কাবুলী স্ত্রীলোক এ কুমারী মেয়েদের দেখিতে না পায়। কেহ বাঘ ভালুকের ভয়েও বোধ হয় অমন কপাট বন্ধ করে না।

অবরোধ বাসিনী – ২

[২]

ইহাও একটি ঐতিহাসিক ঘটনা–পাটনায় এক বড় লোকের বাড়ীতে শুভ বিবাহ উপলক্ষে অনেক নিমন্ত্রিতা মহিলা আসিয়াছেন। অনেকে সন্ধ্যার সময়ও আসিয়াছেন তন্মধ্যে হাশমত বেগম একজন। দাসী আসিয়া প্রত্যেক পাল্কীর দ্বার খুলিয়া বেগম সাহেবাদের হাত ধরিয়া নামাইয়া লইয়া যাইতেছে, পরে বেহারাগণ খালি পাল্কী সরাইয়া লইতেছে এবং অপর নিমন্ত্রিতার পাল্কী আসিতেছে। বেহারা ডাকিল–“মামা! সওয়ারী আয়া!” মামারা মন্থর গমনে আসিতেছে। মামা যতণে হাশমত বেগমের পাল্কীর নিকট আসিবে ততক্ষণে বেহারাগণ “সওয়ারী” নামিয়াছে ভাবিয়া পাল্কী লইয়া সরিয়া পড়িল। অতঃপর আর একটা পাল্কী আসিলে মামারা পাল্কীর দ্বারা খুলিয়া যথাক্রমে নিমন্ত্রিতাকে লইয়া গেল।

শীতকাল–যত পাল্কী আসিয়াছে “সওয়ারী” নামিলে পর সব খালি পাল্কী এক প্রান্তে বট গাছের তলায় জড় করিয়া রাখিয়া দেওয়া হইয়াছে। অদূরে বেহারাগণ ঘটা করিয়া রান্না করিতেছে। তাহারা বিবাহ বাড়ী হইতে জমকালো সিধা পাইয়াছে। রাত্রিকালে আর সওয়ারী খাটিতে হইবে না। সুতরাং তাহাদের ভারী স্ফূর্তি–কেহ গান গায়, কেহ তামাক টানে, কেহ খেইনী খায়–এরূপে আমোদ করিয়া খাওয়া দাওয়া করিতে রাত্রি ২টা বাজিয়া গেল।

এদিকে মহিলা মহলে নিমন্ত্রিতাগণ খাইতে বসিলে দেখা গেল–হাশমত বেগম তাঁহার ছয় মাসের শিশু সহ অনুপস্থিত। কেহ বলিল, ছেলে ছোট বলিয়া হয়ত আসিলেন না। কেহ বলিল, তাঁহাকে আসিবার জন্য প্রস্তুত হইতে দেখিয়াছে–ইত্যাদি।

পরদিন সকালবেলা যথাক্রমে নিমন্ত্রিতাগণ বিদায় হইতে লাগিলেন–একে একে খালি পাল্কী আসিয়া নিজ নিজ “সওয়ারী” লইয়া যাইতে লাগিল। কিছুক্ষণ পরে একটি “খালী” পাল্কী আসিয়া দাঁড়াইলে তাহার দ্বার খুলিয়া দেখা গেল হাশমত বেগম শিশুপুত্রকে কোলে লইয়া বসিয়া আছেন। পৌষ মাসের দীর্ঘ রজনী তিনি ঐ ভাবে পাল্কীতে বসিয়া কাটাইয়াছেন!

তিনি পাল্কী হইতে নামিবার পূর্ব্বেই বেহারাগণ পাল্কী ফিরাইতে লইয়া গেল– কিন্তু তিনি নিজে ত টু শব্দ করেনই নাই–পাছে তাঁহার কণ্ঠস্বর বেহারা শুনিতে পায়, শিশুকেও প্রাণপণ যত্নে কাঁদিতে দেন নাই–যদি তাহার কান্না শুনিয়া কেহ পাল্কীর দ্বার খুলিয়া দেখে! কষ্ট সাধ্য করিতে না পারিলে আর অবরোধ-বাসিনীর বাহাদুরী কি?

অবরোধ বাসিনী – ৩

[৩]

প্রায় ৪০/৪৫ বৎসর পূর্ব্বের ঘটনা–কয়েক ঘর বঙ্গীয় সম্ভ্রান্ত জমীদারের মাতা, মাসী, পিসী, কন্যা ইত্যাদি একত্রে হজ করিতে যাইতেছিলেন। তাঁহারা সংখ্যায় ২০/২৫ জন ছিলেন। তাঁহারা কলিকাতায় রেলওয়ে ষ্টেশন পৌঁছিলে পর সঙ্গের পুরুষ প্রভুগণ কার্য্যোপলক্ষে অন্যত্র গিয়াছিলেন। বেগম সাহেবাদিগকে একজন বিশ্বস্ত আত্মীয় পুরুষের হেফাজতে রাখা হয়। সে ভদ্রলোকটীকে লোকে হাজী সাহেব বলিত, আমরাও তাহাই বলিব। হাজী সাহেব বেগম সাহেবাদের ওয়েটিং রুমে বসাইতে সাহস পাইলেন না। তাঁহারা উপদেশ মতে বিবি সাহেবারা প্রত্যেক মোটা মোটা কাপড়ের বোরকা পরিয়া ষ্টেশনের প্লাটফরমে উবু হইয়া (Squat) বসিলেন; হাজী সাহেব মস্ত একটা মোটা ভারী শতরঞ্জি তাঁহাদের উপর ঢাকিয়া দিলেন। তদবস্থায় বেচারীগণ এক একটা বোচকা বা বস্তার মত দেখাইতেছিলেন। তাঁহাদিগকে ঐরূপে ঢাকিয়া রাখিয়া হাজী সাহেব এক কোণে দাঁড়াইয়া খাড়া পাহারা দিতেছিলেন। একমাত্র আল্লাহ জানেন, হজযাত্রী বিবিগণ ঐ অবস্থায় কয় ঘন্টা অপেক্ষা করিতেছিলেন–আর ইহা কেবল আল্লাহতালারই মহিমা যে তাঁহারা দম আটকাইয়া মরেন নাই।

ট্রেন আসিবার সময় জনৈক ইংরাজ কর্ম্মচারীটী ভাঙ্গা ভাঙ্গা হিন্দিতে হাজী সাহেবকে বলিলেন, "মুন্সি! তোমারা আসবাব হিয়াসে হাটা লো। আভি ট্রেণ আবেগা–প্লাটফরম পর খালি আদামি রহেগা–আসবাব নেহি রহেগা।" হাজী সাহেব যোড়হস্তে বলিলেন, "হজুর, ঐ সব আসবাব নাহি–আওরত হায়।" কর্ম্মচারিটী পুনরায় একটা "বস্তায়" জুতার ঠোকর মারিয়া বলিলেন, "হা, হা– এই সব আসবাব হাটা লো।" বিবিরা পর্দ্দার অনুরোধে জুতার গুতা খাইয়াও টু শব্দটী করেন নাই।

অবরোধ বাসিনী – ৪

[৪]

উড়িষার অন্তর্গত রাজকণিকায় একজন ভদ্রলোক চাকুরী উপলক্ষে ছিলেন। বাসায় তাঁহার মাতা, দুইজন ভগিনী এবং স্ত্রী ছিলেন। বর্ষার সময়। তাঁহার বাঙলায় চারিজন পাখাটানা কুলি পালাক্রমে সমস্ত দিন ও রাত্রি পাখা টানিত। সাহেব "টুরে" বাহিরে গিয়াছেন; রাত্রিকালে তাঁহার স্ত্রীর কামরায় একজন চাকরাণী শুইয়াছিল। তাঁহার ভগিনীগণ অন্য কামরায় ছিলেন।

সে অঞ্চলে গরমের সময় লোকে বেশী বিছানা ব্যবহার করে না। রাত্রিকালে প্রবল বেগে বৃষ্টি হওয়ায় সাহেবের স্ত্রীর শীত বোধ হইল। তবু তিনি চাকরাণীকে ডাকিয়া পাখা বন্ধ করিতে বলিলেন না। ক্রমে শীত অসহ্য হওয়ার দরি (শতরঞ্জি) ও সুজনী তুলিয়া গায়ে দিলেন। কিন্তু হতভাগা পাখা-কুলী আরও জোরে জোরে পাখা টানিতে লাগিল। তখন অগত্যা বউ বিবি ঐ দরি চাদর সমস্ত গায়ে জড়াইয়া পালঙ্কের নীচে গিয়া শুইলেন।

পরদিন সকালে একজন চাকরাণী কামরায় ঝাঁটা দিতে আসিয়া পালঙ্কের নীচে সাদা একটা কি দেখিয়া দিল ঝাঁটার বাড়ি-ঝাঁটার চোটে তাড়াতাড়ি বউ বিবি পাশ ফিরিলেন-বেচারী চাকরাণী যেন মরিয়া গেল!

অবরোধ বাসিনী – ৫

[৫]

ই· আই· রেলযোগে কোন বেহারী ভদ্রলোকে সস্ত্রীক পশ্চিমে বেড়াইতে যাইতেছিলেন। তিনি স্ত্রীকে লেডীর কক্ষে না দিয়া নিজেই সঙ্গে রাখিলেন। তাঁহারা সেকেও কাসের টিকিট লইয়াছিলেন। বেগম সাহেবা বোরকা পরিয়াই রহিলেন। এক সময় সাহেব বাথরুমে থাকিতে ট্রেন কোন ষ্টেশনে থামিল। অপর এক যাত্রী কোথাও স্থান না পাইয়া ঐ কক্ষে উঠিয়া অতি সঙ্কুচিতভাবে বসিয়া একটা জানালা দিয়া মুখ

বাহির করিয়া রহিলেন। এদিকে পূর্ব্বোক্ত সাহেব বাথরুম হইতে আসিয়া দেখেন, তাঁহার স্ত্রী অনুপস্থিত! কি করিবেন-তখন চলন্ত ট্রেন! পরবর্তী ষ্টেশনে আগন্তুক নামিয়া গেলেন। আমাদের কথিত সাহেবও নামিয়া ষ্টেশনের পুলিশে সংবাদ দিলেন যে তাঁহার স্ত্রী অমুক ও অমুক ষ্টেশনের মধ্যবর্তী স্থানে হারাইয়াছে।

বেচারা পুলিশ বিভিন্ন ষ্টেশনে টেলিগ্রাম করিল যে কালো বোরকায় আবৃতা একটি মহিলার খোঁজ কর। একজন কনষ্টেবল বলিল, “একবার এই গাড়ীখানাই ভাল করিয়া খুঁজিয়া দেখি না।” যে বেঞ্চে সাহেব বসিয়াছিলেন, কনষ্টেবল সেই বেঞ্চের নীচে কালো একটা কি দেখিতে পাইয়া টানিয়া বাহির করিবা মাত্র সাহেব চেঁচাইয়া উঠিলেন, “আরে ছোড় ছোড়-ওহি ত মেরা ঘর হায়!” পরে জানা গেল সেই নবাগত ভদ্রলোককে দেখিয়া ইনি বেঞ্চের নীচে লুকাইয়া ছিলেন।

অবরোধ বাসিনী – ৬

[৬]

ঢাকা জিলায় কোন জমীদারের প্রকাণ্ড পাকা বাড়ীতে দিনে দুপুরে আগুণ লাগিয়াছিল। জিনিষপত্র পুড়িয়া ছারখার হইল–তবু চেষ্টা যথাসম্ভব আসবাব সরঞ্জাম বাহির করার সঙ্গে বাড়ীর বিবিদেরও বাহির করা প্রয়োজন বোধ করা গেল। হঠাৎ তখন পাল্কী, বিশেষতঃ পাড়াগাঁয়ে এক সঙ্গে দুই চারিটা পাল্কী কোথায় পাওয়া যাইবে? অবশেষে স্থির হইল যে একটা বড় রঙীন মশারীর ভিতর বিবিরা থাকিবেন, তাহার চারিকোণ বাহির হইতে চারিজনে ধরিয়া লইয়া যাইবে। তাহাই হইল,–আগুণের তাড়নায় মশারী ধরিয়া চারিজন লোক দৌড়াইতে থাকিল, ভিতরে বিবির সমভাবে দৌড়াইতে না পারিয়া হোঁচোট খাইয়া পড়িয়া দাঁত, নাক ভাঙ্গিলেন, কাপড় ছিঁড়িলেন। শেষে ধানক্ষেত দিয়া, কাঁটাবন দিয়া দৌড়াইতে দৌড়াইতে মশারীও ছিঁড়িয়া খণ্ড খণ্ড হইয়া গেল।

অগত্যা আর কি করা যায়? বিবিগণ একটা ধানের ক্ষেত্রে বসিয়া থাকিলেন। সন্ধ্যায় আগুণ নিবিয়া গেলে পর পাল্কী করিয়া একে একে তাঁহাদের বাড়ী লইয়া যাওয়া হইল।

অবরোধ বাসিনী – ৭

[৭]

প্রায় ২৫ বৎসর পূর্ব্বে বঙ্গদেশের জনৈক জমীদারের বাড়ীতে বিবাহ হইতেছিল। অতিথি অভ্যাগতে বাড়ী গমগম করিতেছে। খাওয়া দাওয়ায় রাত্রি ২টা বাজিয়া গিয়াছে, এখন সকলের ঘুমাইবার পালা। কিন্তু চোর চোট্টা ত ঘুমাইবে না-এই সুযোগ তাহাদের চুরি করার।

সিঁধ কাটিয়া চোর ঘরে প্রবেশ করিয়াছে। একজন চৌকিদার চোরের সাড়া পাইয়া বাড়ীর কর্ত্তাদিগকে সংবাদ দিয়াছে। কর্তারা ছিলেন, পাঁচ ছয় ভাই। তাঁহারা প্রত্যেকে কুঠার হস্তে সে ঘরটার চারিদিকে ঘুরিয়া বেড়াইতেছিলেন চোরের সন্ধানে। চোরকে পাইলে সে-সময় তাঁহারা কুঠার দিয়া কাটিয়া খণ্ড খণ্ড করিতেন। হ-চোরের এত বড় আস্পর্দ্ধা!

ঘরের ভিতর বিবিরা চোরকে দেখিয়া আরও জড়সড় হইয়া চাদর গায়ে দিয়া শুইলেন,-একেবারে নীরব, যেন নিশ্বাস ফেলিবারও সাহস নাই। বিশেষতঃ "বেগানা মরদটা" যেন তাঁহাদের নিশ্বাসের শব্দও না শুনে। চোর নিঃশব্দচিত্তে সিন্দুক ভাঙ্গিয়া নগদ টাকা ও গহনা পত্র বাহির লইল। পরে একে প্রত্যেক বিবির হাত পায়ের গহনা খুলিয়া লইতে লাগিল। তাহা দেখিয়া বিবিরা তাড়াতাড়ি নাক, কান ও গলার অলঙ্কার খুলিয়া শিয়রে রাখিতে লাগিলেন। ইহাতে চোরের বেশ সুবিধাই হইল-সে আর অনর্থক বেগম খানমদের নাক, কান বা গলা স্পর্শ করিবে কেন? সেই ঘরে একটি ছিলেন নূতন বউ-সে বেচারী নাকের নথটী ত খুলিয়া দিয়াছেন, কিন্তু তাঁহার কানের ঝুমকা প্রভৃতি গহনাগুলি পরস্পরে জড়াইয়া বড় জটীল হইয়া পড়িল-কিছুতেই খোলা গেল না। চোর মহাশয় ভদ্রতার অনুরোধে কিয়ৎক্ষণ অপেক্ষা করার পর কলম-তারাশ ছরী দিয়া বউ বিবির উভয় কান কাটিয়া লইয়া গহনার পুঁটলিতে সেই সিঁধ-পথে পলায়ন করিল।

ঘরের ভিতর এত কাণ্ড হইয়া গেল-বাহিরে পুরুষগণ কুঠার হস্তে চোরের জন্য অপেক্ষা করিতেছেন। কিন্তু বিবিরা কেহ টু শব্দ করিলেন না-পাছে "বেগানা মরদটা" তাঁহাদের কণ্ঠস্বর শুনে! চোর নিরাপদে বাহির হইয়া গেলে পর বিবিরা হাউমাউ আরম্ভ করিয়া দিলেন।

পাঠিকা ভগিনী! এইরূপে আমরা অবরোধ প্রথার সন্মান রক্ষা করিয়া থাকি।

অবরোধ বাসিনী – ৮

[৮]

এক বাড়ীতে আগুন লাগিয়াছিল। গৃহিণী বুদ্ধি করিয়া তাড়াতাড়ি সমস্ত অলঙ্কার একটা হাত বাক্সে পুরিয়া লইয়া ঘরের বাহির হইলেন। দ্বারে আসিয়া দেখিলেন সমাগত পুরুষেরা আগুন নিবাইতেছে। তিনি তাহাদের সম্মুখে বাহির না হইয়া অলঙ্কারের বাক্সটী হাতে করিয়া ঘরের ভিতর খাটের নীচে গিয়া বসিলেন। তদবস্থায় পুড়িয়া মরিলেন, কিন্তু পুরুষের সম্মুখে বাহির হইলেন না। ধন্য! কুল-কামিনীর অবরোধ!

অবরোধ বাসিনী - ৯

[৯]

এক মৌলভী সাহেবের মৃত্যু হইল। তাঁহার একমাত্র পুত্র এবং বিধবা অবশিষ্ট ছিলেন। মৌলবী সাহেব কিছু রাখিয়া যান নাই, সুতরাং অতি কষ্টে তাঁহার বিধবা সংসার চালাইতেন। পুত্রের বিবাহের জন্য তিনি বহু কষ্টে কতকগুলি অলঙ্কার গড়াইলেন। অলঙ্কারগুলি বেশ ভারী দামের হইল। বিবাহের দুই তিন দিন পূর্ব্বে সিঁধ কাটিয়া চোর গৃহে প্রবেশ করিল। সে ঘরে তিনি একমাত্র দাসীসহ শুইয়াছিলেন। চোরের সাড়া পাইয়া তিনি উঠিয়া বসিলেন এবং চুপি চুপি বাঁদীকে জাগাইলেন। চোর ভাবিল, সর্ব্বনাশ-দেই দৌড়!

কিন্তু চোরের সঙ্গীরা বলিল, আচ্ছা একটু ফিরিয়া দাঁড়াইয়া দেখি না, কি হয়। হইল বেশ মজা-

বিবি সাহেবার সঙ্কেত মত দাসী একখানা কাপড় দিয়া তাঁহার খাটের সম্মুখে পর্দ্দা টাঙ্গাইয়া দিল। পরে চাবির গোছা দেখাইয়া চোরদিগকে বলিল, "বাপু সকল! তোমরা পর্দার এদিকে আসিও না, তোমরা যাহা চাও, আমি সিন্দুক খুলিয়া বাহির করিয়া দিতেছি।" পরে সমস্ত দামী কাপড় ও অলঙ্কার বাহির করিয়া চোরের হাতে দিল। তাহারা গহনা নাড়িয়া চাড়িয়া দেখিয়া বলিল,- "নথ কই?-সেটা সিন্দুকে আছে বুঝি?" কর্ত্রীর সঙ্কেত অনুসারে দাসী বলিল, "দোহাই! তোমরা এদিকে আসিও না-আম্মা সা'ব কেবল নথটা রাখিয়াছেন যে পরশু দিন বিয়া-একেবারে কোন গয়না রহিল না-নথটাও না থাকিলে বিয়া হয় কি করিয়া? তা যদি তোমরা চাও, তবে নেও-নথ লও-পর্দার এদিকে আসিও না।"

চোরেরা ভারী খুশি হইয়া পরস্পরে গল্প করিতে করিতে চলিয়া গেল। তখন রাত্রি তিনটা কি চারিটা। এত সহজে সিদ্ধিলাভ করায় আনন্দের অতিশয্যে তাহারা একটু জোর গলায় কথা কহিয়াছিল। পথে চৌকিদার তাহা শুনিতে পাইয়া তাহাদিগকে ধরিবার জন্য তাড়া করে। সকলে পলাইল। একটি চোর হোঁচট খাইয়া পড়িয়া যাওয়ায় চৌকীদার তাহাকে ধরিয়া ফেলিল। অগত্যা সে চৌকীদারের সঙ্গে চুরি-করা বাড়ী দেখাইয়া দিতে গেল। ততক্ষণে ভোর হইয়াছে।

চৌকীদার গিয়া দেখে, বিবি সাহেবা তখনও পর্দ্দার অন্তরাল হইতে বাহির হন নাই–"যদি ব্যাটারা আবার আসে"-তবে তাঁহাকে দেখিতে পাইবে যে! দাসীকেও চেঁচামেচি করিতে দেন নাই যে শোরগোল শুনিয়া যদি কোন পুরুষমানুষ তাঁহার ঘরে প্রবেশ করে। চোরের হাতে সর্ব্বস্ব সমর্পণ করিয়া তিনি অবরোধ প্রথার সম্মান রক্ষা করিলেন।

অবরোধ বাসিনী – ১০

[১০]

কোন জমিদার গৃহিণী ছোট ভাইয়ের বউ আনিবার জন্য ভাইয়ের শ্বশুরবাড়ী গিয়াছেন। একদিন হঠাৎ গিয়া দেখেন নববধূকে তাঁহার ভ্রাতৃবধূ ভাত খাইয়াইতেছেন। ভাতের বাসনে একটা কাঁচা মরিচ ছিল। তিনি সরল মনে জিজ্ঞাসা করিলেন, "আমাদের বউ ঝাল খাইতে ভালবাসে নাকি?" বউয়ের ভাবীজান উত্তর দিলেন, "হ্যাঁ, বড্ড ঝাল খায়!"

পরে তিনি বউ লইয়া নৌকাযোগে কলিকাতায় আসিলেন। পথে তিনি চারি দিন নৌকায় থাকা হইল। এই সময়ে তিনি যাহা কিছু রান্না করাইতেন, তাহাতেই অতিরিক্ত ঝাল দেওয়াইতেন। আসল কথা এই যে, বউ মোটেই ঝাল খাইতে অভ্যস্ত নহেন। থাইবার সময় কাঁচা লঙ্কার খোশবু শুঁকিয়া ভাত খাইতেছিল। তাই ঠাট্টা করিয়া তাঁহার ভাবীজান ঝাল খাওয়ার কথা বলিয়াছিলেন। ফলে বেচারীর প্রাণ লইয়া টানাটানি।

ননদ মহাশয়া কাঁচা লঙ্কা দিয়া মুড়ি মাখিয়া ভাই-বউকে আদর করিয়া কাছে বসাইয়া থাইয়াইতেন। বউ-এর দুই চক্ষু বহিয়া টসটস্ করিয়া জল পড়িত-মুখ জিহ্বা পুড়িয়া যাইত-তবু বড় ননদকে মুখ ফুটিয়া বলেন নাই যে, তিনি ঝাল খান না!! ও সর্ব্বনাশ! একে নূতন বউ,-তাতে বড় ননদ-প্রাণ গেলেও কথা কহিতে নাই।

অবরোধ বাসিনী – ১১

[১১]

গত ১৯২৪ সনে আমি আরায় গিয়াছিলাম। আমার দুই নাতিনীর বিবাহ এক সঙ্গে হইতেছিল, সেই বিবাহের নিমন্ত্রণে গিয়াছিলাম। নাতিনীদের ডাক নাম মজু ও সবু। বেচারীরা তখন "মাইয়াখানায়" ছিল। কলিকাতায় ত বিবাহের মাত্র ৫/৬ দিন পূর্ব্বে "মাইয়াখানা" নামক বন্দীখানায় মেয়েকে রাখে। কিন্তু বেহার অঞ্চলে ৬/৭ মাস পর্য্যন্ত এইরূপ নির্জ্জন কারাবাসে রাখিয়া মেয়েদের আধমরা করে।

আমি মজুর জেলখানায় গিয়া অধিকক্ষণ বসিতে পারি না–সে রুদ্ধ গৃহে আমার দম আটকাইয়া আসে। শেষে এক দিন একটা জানালা একটু খুলিয়া দিলাম। দুই মিনিট পরেই এক মাতব্বর বিবি, "দুলহিনকো হাওয়া লাগেগী" বলিয়া জানালা বন্ধ করিয়া দিলেন। আমি আর তিষ্ঠিতে না পারিয়া উঠিয়া আসিলাম। আমি সবুদের জেলখানায় গিয়া মোটেই বসিতে পারিতাম না। কিন্তু সে বেচারীর ছয় মাস হইতে সেই রুদ্ধ কারাগারে ছিল। শেষে সবুর হিষ্টিরিয়া রোগ হইয়া গেল। এইরূপে আমাদের অবরোধে বাস করিতে অভ্যস্ত করা হয়।

অবরোধ বাসিনী – ১২

[১২]

পশ্চিম দেশের এক হিন্দু বধূ তাহার শাশুড়ী ও স্বামীর সহিত গঙ্গাস্নানে গিয়াছিল। স্নান শেষ করিয়া ফিরিবার সময় তাহার শ্বাশুড়ী ও স্বামীকে ভীড়ের মধ্যে দেখিতে পাইল না। অবশেষে সে এক ভদ্রলোকের পিছু পিছু চলিল। কতক্ষণ পরে পুলিশের হল্লা।–সেই ভদ্রলোককে ধরিয়া কনষ্টেবল বলে, "তুমি অমুকের বউ ভাগাইয়া লইয়া যাইতেছ।" তিনি আচম্বিতে ফিরিয়া দেখেন, আরে! এ কাহার বউ পিছন হইতে তাঁহার কাছার খুঁটি ধরিয়া আসিতেছে। প্রশ্ন করায় বধূ বলিল, সে সর্ব্বক্ষণ মাথায় ঘোমটা দিয়া থাকে– নিজের স্বামীকে সে কখনও ভাল করিয়া দেখে নাই। স্বামীর পরিধানে হলদে পাড়ের ধূতি ছিল, তাহাই সে দেখিয়াছে। এই ভদ্রলোকের ধূতির পাড় হলদে দেখিয়া সে তাঁহার সঙ্গ লইয়াছে!

অবরোধ বাসিনী – ১৩

[১৩]

আজিকার (২৮ শে জুন ১৯২৯) ঘটনা শুনুন। স্কুলের একটী মেয়ের বাপ লম্বা চওড়া চিঠি লিখিয়াছেন যে, মোটর বাস তাঁহার গলির ভিতর যায় না বলিয়া তাঁহার মেয়েকে "বোরকা" পড়িয়া মামার (চাকরাণীর) সহিত হাঁটিয়া বাড়ী আসিতে হয়। গতকলা গলিতে এক ব্যক্তি চায়ের পাত্র হাতে লইয়া যাইতেছিল, তাহার ধাক্কা লাগিয়া হীরার (তাঁহার মেয়ের) কাপড়ে চা পড়িয়া গিয়া কাপড় নষ্ট হইয়াছে। আমি চিঠিখানা আমাদে জনৈকা শিক্ষয়িত্রীর হাতে দিয়া ইহার তদন্ত করিতে বলিলাম। তিনি ফিরিয়া আসিয়া উর্দু ভাষায় যাহা বলিলেন, তাহার অনুবাদ এইঃ

"অনুসন্ধানে জানিলাম হীরার বোরকায় চক্ষু নাই। (হীরাকে বোরকা মে আঁখ নেহী হায়)! অন্য মেয়েরা বলিল, তাহারা গাড়ী হইতে দেখে, মামা প্রায় হীরাকে কোলের নিকট লইয়া হাঁটাইয়া লইয়া যায়। বোরকায় চক্ষু না থাকায় হীরা ঠিকমত হাঁটিতে পারে না–সেদিন একটা বিড়ালের গায়ে পড়িয়া গিয়াছিল,–কখনও হোঁচট খায়। গতকল্য হীরাই সে চায়ের পাত্রবাহী লোকের গায়ে ধাক্কা দিয়া তাহার চা ফেলিয়া দিয়াছে।"*

দেখুন দেখি, হীরার বয়স মাত্র ৯ বৎসর–এতটুকু বালিকাকে "অন্ধ বোরকা" পরিয়া পথ চলিতে হইবে! ইহা না করিলে অবরোধের সন্মান রক্ষা হয় না!

---

* এখনই আষাঢ় মাসের "মাসিক মোহাম্মদী"তে শ্রীমতী আমিনা খাতুনের লিখিত প্রবন্ধের একস্থলে দেখিলাম,–"কতক্ষণের জন্য নাক, মুখ, চোখ বন্ধ করিয়া বেড়ান (এইরূপ পর্দ্দায় পরপুরুষের ঘাড়ে পড়া সম্ভবপর)–উহা ইসলামের বাহিরের পর্দ্দা।"

অবরোধ বাসিনী – ১৪

[১৪]

প্রায় ২১/২২ বৎসর পূর্ব্বেকাল ঘটনা। আমার দূর-সম্পর্কীয়া এক মামীশাশুড়ী ভাগলপুল হইতে পাটনা যাইতেছিলেন; সঙ্গে মাত্র একজন পরিচারিকা ছিল। কিউল ষ্টেশনে ট্রেণ বদল করিতে হয়। মামানী সাহেবা অপর ট্রেণে উঠিবার সময় তাঁহার প্রকাণ্ড বোরকায় জড়াইয়া ট্রেণ ও প্লাটফরমের মাঝখানে পড়িয়া গেলেন। ষ্টেশনে সে সময় মামানীর চাকরাণী ছাড়া অপর কোন স্ত্রীলোক ছিল না। কুলিরা তাড়াতাড়ি তাঁহাকে ধরিয়া তুলিতে অগ্রসর হওয়ায় চাকরাণী দোহাই দিয়া নিষেধ করিল–"খবরদার! কেহ বিবি সাহেবার গায়ে হাত দিও না।" সে একা অনেক টানাটানি করিয়া কিছুতেই তাঁহাকে তুলিতে পারিল না। প্রায় আধ ঘন্টা পর্য্যন্ত অপেক্ষা করার পর ট্রেণ ছাড়িয়া দিল!

ট্রেণের সংঘর্ষে মামানী সাহেবা পিষিয়া ভিন্নভিন্ন হইয়া গেলেন,–কোথায় তাঁহার "বোরকা"-আর কোথায় তিনি! ষ্টেশন ভরা লোক সবিস্ময়ে দাঁড়াইয়া এই লোমহর্ষক ব্যাপার দেখিল,–কেহ তাঁহার সাহায্য করিতে অনুমতি পাইল না। পরে তাঁহার চুর্ণপ্রায় দেহ একটা গুদামে রাখা হইল; তাঁহার চাকরাণী প্রাণপণে বিনাইয়া কাঁদিল, আর তাঁহাকে বাতাস করিতে থাকিল। এই অবস্থায় ১১ (এগার) ঘন্টা অতিবাহিত হইবার পর তিনি দেহত্যাগ করিলেন! কি ভীষণ মৃত্যু!

অবরোধ বাসিনী – ১৫

[১৫]

হুগলীতে এক বড়লোকের বাড়ীতে বিবাহ উপলক্ষে এক কামরায় অনেক বিবি জড় হইয়াছেন। রাত্রি ১২টার সময় বোধ হইল, কেহ বাহির হইতে কামরায় দরজা ঠেলিতেছে, জোরে, আস্তে-নানা প্রকার দরজা ঠেলিতেছে। বিবিরা সকলে জাগিয়া উঠিয়া থরথর কাঁপিতে লাগিলেন-নিশ্চয় চোর দ্বার ভাঙ্গিয়া গৃহে প্রবেশ করিবে। আর বিবিদের দেখিয়া ফেলিবে! তখন এক জাঁহাবাজ বিবি সমস্ত অলঙ্কার পরিয়া ফেলিলেন, অবশিষ্ট পুটলী বাঁধিয়া চাপা দিয়া ঢাকিয়া রাখিলেন। পরে বোরকা পড়িয়া দ্বার খুলিলেন। দ্বারের বাহিরে ছিল,-একটা কুকুরী! তাহার বাচ্চা দু'টী ঘটনাবশতঃ কামরার ভিতর ছিল, আর সে ছিল বাহিরে। বাচ্চার নিকট আসিবার জন্য সেই কুকুরী দরজা ঠেলিতেছিল।

অবরোধ বাসিনী – ১৬

[১৬]

বেহার শরীফের এক বড়লোক দার্জ্জীলিং যাইতেছিলেন, তাঁহার সঙ্গে এক ডজন 'মানব-বোঝা' (ঐঁসধহ-থঁমমধমব) অর্থাৎ মাসী পিসী প্রভৃতি ৭ জন মহিলা এবং ৬ হইতে ১৬ বৎসর বয়সের ৫জন বালিকা। তাঁহারা যথাক্রমে ট্রেণ ও ষ্টীমার বদল করিবার সময় সর্ব্বত্রই পাল্কীর ব্যবস্থা করিয়াছিলেন। মণিহারী ঘাট, সক্রিগলি ঘাট ইত্যাদিতে পাল্কী ছিল। বিবিদের পাল্কীতে পুরিয়া ষ্টীমারের ডেকে রাখা হইত। আবার ট্রেণে উঠিবার সময় তাঁহাদিগকে পাল্কী সহ মালগাড়ীতে দেওয়া হইত। কিন্তু ই. বি. রেলওয়ে লাইনে আর পাল্কী পাওয়া গেল না। তখন তাঁহার ট্রেণের রিজার্ভ করা সেকেও কাসের গাড়ীতে বসিতে বাধ্য হইলেন।

শিলিগুড়ি ষ্টেশনেও পাল্কী বেহারা পাওয়া গেল না। এত বড় বিপদ-বিবিরা দার্জ্জালিঙ্গের ট্রেণে উঠিবেন কি করিয়া? অতঃপর দুইটা চাদর চারিজন লোকে দুই দিকে ধরিল,-সেই চাদরের বেড়ার মধ্যে বিবিরা চলিলেন। হতভাগা পর্দ্দাধারী চাকরেরা ঠিক তাল রাখিয়া পার্ব্বত্য বন্ধুর পথে হাঁটিতে পারিতেছিল না। কখনও ডাইনের পর্দ্দা আগে যায়, বামের পর্দ্দা পিছনে থাকে; কখনও বামের পর্দ্দা অগ্রসর হয়, আর ডাইনের পর্দ্দা পশ্চাতে। বেচারী বিবিরা হাঁটিতে আরও অপটু-তাঁহার পর্দ্দা ছাড়িয়া কখনও আগে যান, কখনও পিছে রহিয়া যান! কাহারও জুতা খসিয়া রহিয়া গেল-কাহারও দোপাট্টা উড়িয়া গেল!

অবরোধ বাসিনী – ১৭

[১৭]

প্রায় ১৪ বৎসর পূর্ব্বে আমাদের স্কুলে একজন লক্ষ্ণৌ নিবাসী শিক্ষয়িত্রী ছিলেন, নাম আখতর জাঁহা। তাঁহার তিনটি কন্যাও এই স্কুলে পড়িত। একদিন তিনি একালের মেয়েদের নির্লজ্জতার বিষয় আলোচনা প্রসঙ্গে নিজের মেয়েদের বেহায়াপনার কথা বলিয়া দুঃখ প্রকাশ করিলেন। কথায় কথায় নিজের বধূ-জীবনের একটা গল্প বলিলেনঃ "এগারো বৎসর বয়সে তাঁহার বিবাহ হইয়াছিল। শ্বশুরবাড়ী গিয়া তাঁহাকে এক নির্জ্জন কক্ষে থাকিতে হইত। তাঁহার এক ছোট ননদ দিনে তিন চার বার আসিয়া তাঁহাকে প্রয়োজন মত বাথ-রুমে পৌঁছাইয়া দিত। একদিন কি কারণে সে অনেকক্ষণ পর্য্যন্ত তাঁহার সংবাদ লয় নাই। এদিকে বেচারী প্রকৃতির তাড়নায় অধীরা হইয়া পড়িলেন। লক্ষ্ণৌ-এ মেয়েকে বড় বড় তামার পানদান যৌতুক দেওয়া হয়। তাঁহার মস্ত পানদানটা সেই কক্ষেই ছিল। তিনি পানদান খুলিয়া সুপারীর ডিবেটা বাহির করিয়া সুপারীগুলি একটা রুমালে ঢালিয়া ফেলিলেন। পরে তিনি সেই ডিবেটা যে জিনিষ দ্বারা পূর্ণ করিয়া খাটের নীচে রাখিলেন, তাহা লিখিতব্য নহে! সন্ধ্যার সময় তাঁহার পিত্রালয়ের চাকরাণী বিছানা বাড়িতে আসিলে তিনি তাহার গলা ধরিয়া কাঁদিয়া ডিবের দুর্দ্দশার কথা বলিলেন। সে তাঁহাকে সান্ত্বনা দিয়া বলিল, "থাক, তুমি কেঁদ না; আমি কালই ডিবেটা কালাই (ঞরহহরহম) করাইয়া আনিয়া দিব। সুপারী এখন রুমালের বাঁধা থাকুক।"

অবরোধ বাসিনী – ১৮

[১৮]

লাহোরের জনৈক ভুক্তভোগী ডাক্তার সাহেবের রোগিনী দর্শনের বর্ণনা এইঃ

সচরাচর ডাক্তার আসিলে দুইজন চাকরাণী রোগিণীর পালঙ্কের শিয়রে ও পায়ের দিকে একটা মোটা বড় দোলাই ধরিয়া দাঁড়ায়। ডাক্তার সেই দোলাইয়ের একটু ফাঁকের ভিতর হাত দিয়া রোগিণীর নাড়ী পরীক্ষা করেন।*

এক বেগম সাহেবা নিউমোনিয়া রোগে ভুগিতেছিলেন। আমি বলিলাম ফেফড়ার অবস্থা দেখা দরকার; আমি পিঠের দিক হইতে দেখিয়া লইব। হুকুম হইল, "স্টেথিসকোপের নল যেখানে বলেন, চাকরাণী রাখিয়া দিবে!" সকলেই জানেন, ফেফড়া বিভিন্ন স্থান হইতে পরীক্ষা করিলে পর রোগ নির্ণয় করা সম্ভব হয়। কিন্তু আমি অগত্যা কর্তার হুকুমে রাজী হইলাম। চাকরাণী নলটা দোলাইয়ের ভিতরে বেগম সাহেবার কোমরে নেফার (পায়জামার উপরাংশের) কিছু উপরে রাখিল। কিছুণ পরে আমি আশ্চর্য্য হইলাম যে কোন শব্দ শুনিতে পাই না কেন? দুঃসাহসে ভর দিয়া দোলাই একটু উঠাইয়া দেখিলাম,-দেখি কি নলটা কোমরে লাগান হইয়াছে! আমি বিরক্ত হইয়া উঠিয়া আসিলাম।**

---

* আমাকে জনৈকা নন-পর্দ্দা মহিলা জিজ্ঞেস করিয়াছিলেন (লেডী ডাক্তারের অভাবে পুরুষ), "ডাক্তারকে জিহ্বা দেখাইতে হইলে আপনি কি করিবেন? দোলাই ফুটা করিয়া তাহার ভিতর হতে জিহবা বাহির করিয়া দেখাইবেন নাকি?" আমি পাঠিকা ভগিনীদিগকে ঐ প্রশ্নের এবং আমার নিম্নোক্ত প্রশ্নের উত্তর দিতে অনুরোধ করি। ডাক্তারকে চোখ, দাঁত এবং কান দেখাইতে হইলে তাহারা কি উপায়ে দেখাইবেন?

** ডাক্তার সাহেবের নিজের ভাষায় শুনুন: "লা হাওল বেলা কুওৎ! ম়য় দিক হো কর উঠ আয়া। আর নওয়াব সাহেব পুছতে হেঁ কে কেয়া পাতা লাগা? ম়য় কেয়া থাক বাতাতা কে কেয়া পাতা লাগা?"

অবরোধ বাসিনী – ১৯

[১৯]

জনৈক রেলপথে ভ্রমণকারীর বৃত্তান্তের সারাংশ এইঃ ষ্টেশনে টিকিট কেটে মনে মনে একটা হিসেব করলাম। তিনখানা ইন্টার কাসের দরুন দেড় মণ জিনিষ নিতে পারবো, কিন্তু আমাদের জিনিষপত্তর ওজন করিলে পাঁচ মণের কম কিছুতেই হবে না। অনেক ভেবে-চিন্তে লগেজ না করাই ঠিক করলাম। মেয়েদের গাড়ীতে জিনিষপত্তর তুলে দিলে আর কে চেক করতে আসবে?

খোকা জিজ্ঞেস করলে,-তোমার সঙ্গে কোন জ্যান্ত লগেজ আছে নাকি?

আবার আছে না কি! একেবারে এক জোড়া! একে বুড়ী, তায় আবার খুড়খুড়ি।

খোকা বল্লে-তবেই সেরেছে।

যখন ঘুম ভাঙল, তখন বেশ রাত হয়েছে।

অনুমানে বুঝলাম, একটা বড় ষ্টেশনে গাড়ী থেমে আছে। হঠাৎ মনে হ'ল, বহরমপুর হবে হয়ত। দরজাটা খুলে নামতে যাব, এমন সময় মনে হ'ল যেন শুনতে পেলাম, আমারই নাম ধরে কারা ডাকাডাকি করছে-"ও টুনু-টুনু, এতো ভারী বিপদে আজ পড়লাম, -টুনুরে!"

একে মেয়েলী গলা, তার ওপর আবার করুণ। আমি ব্যস্ত হয়ে তাড়াতাড়ি নেমে পড়লাম। দেখলাম, দুই বুড়ী মাটিতে দাঁড়িয়ে মহা কান্নাকাটি শুরু করেছে, আর জিনিসপত্তর গুলোও সব নামানো হয়েছে। চারদিকে তিন চার জন কুলী ঘিরে দাঁড়িয়ে রয়েছে।

আমার মেজাজ গরম হয়ে উঠল। টি·টি·সি অর্থাৎ চেকারগুলো যে রাত্রিবেলা মেয়েদের গাড়ী চেক ক'রে-মালপত্তর সব নামিয়ে দেবে এতো কম অন্যায় কথা নয়। আমি কুলীগুলোকে খুব বকে দিলাম, জিনিষ-পত্তর আবার গাড়ীতে তুলে দিতে বল্লাম। আর একবার কুলীগুলোকে এক চোট বকে দিলাম, এবং টি· টি· সি·দের নামে যে রিপোর্ট করতে হবে, সে রকমও অনেক কথা বল্লাম।

ঠাকুরমা কেঁদে বললেন, "আরে টুনু, আমরা যে এসে পড়েছি।"

অবশেষে একটা কুলী সাহস করে বললে, "বাবু ঘাট আ গিয়া।"

আমি ঠাকুরমাকে বললাম,-তাহলে টি. টি. সি. চেক করে নামিয়ে দেয়নি-ঘাটে পড়েছে; সে কথা আমাকে আগে বললেই হত, এ জন্য কান্নাকাটি কেন?

অবরোধ বাসিনী – ২০

[২০]

জৈনেকা পাঞ্জাবী বেগম সাহেবা নিম্নলিখিত গল্প কোন উর্দু কাগজে লিখিয়াছেনঃ

আমরা একটা গ্রামে কিছুকাল ছিলাম। একবার তত্রত্য কোন সম্ভ্রান্ত লোকের বাড়ীতে আমাদের নিমন্ত্রণ ছিল। সেখানে গিয়া কুমারী মেয়েদের প্রতি যে অত্যধিক জুলুম হইতে দেখিলাম, তাহাতে আমি প্রাণে বড় আঘাত পাইলাম।

আমরা যথাসময় তথায় পৌঁছিয়া জিজ্ঞাসা করিলাম, বাড়ীর মেয়েরা কোথায়? শুনিতে পাইলাম তাহারা সকলে রান্নাঘরে বসিয়া আছে। আমি তাহাদের সহিত সাক্ষাৎ করিতে চাহিলে, কেবল একা আমাকে সেইখানে ডাকিয়া লইয়া হইল। রান্নাঘরে ভয়ানক গরম, আর স্থানও অতিশয় অল্প। কিন্তু উপায়ান্তর না দেখিয়া সেইখানে বসিয়া সেই "মজলুম" কিন্তু মিষ্টভাষিণী বালিকাদের সহিত কথাবার্তা কহিতে লাগিলাম।

একজন দয়াবতী বিবি আমাদের প্রতি কৃপাপরবশ হইয়া বলিলেন, "তোমরা সাবধানে লুকাইয়া উপরে চলিয়া যাও।"

আমি মনে করিলাম, সম্ভবতঃ পুরুষমানুষদের সম্মুখীন হওয়ার আশঙ্কা আছে, তাই সাবধানে লুকাইয়া যাইতে বলিলেন। কিন্তু পরে জানিলাম, এ পর্দা সাধারণ অভ্যাগতা মহিলাদের বিরুদ্ধে ছিল। উক্ত বিবি সাহেবার হুকুমে দুইজন মেয়েমানুষ মোটা চাদর ধরিয়া পর্দা করিল, আমরা সেই চাদরে অন্তরাল হইতে উপরে চলিয়া গেলাম।

উপরে গিয়া আমি আরও বিপদে পড়িলাম। আমি মনে করিয়াছিলাম, ছাদের উপর আরামে বসিবার কোন কামরা হইবে, অথবা কমপক্ষে বর্ষাতি চালা হইবে। কিন্তু সেখানে কিছুই ছিল না। একে ত প্রখর রৌদ্র, দ্বিতীয়তঃ বসিবারও কিছু ছিল না। সমস্ত ছাদ জুড়িয়া অর্দ্ধ শুষ্ক ঘুঁটে ছড়ান ছিল; তাহার দুর্গন্ধে প্রাণ ওষ্ঠাগত হইতেছিল। বহু কষ্টে একজন চাকরাণী একটা খাটিয়া আনিয়া দিল, আমরা অগত্যা তাহাতেই বসিলাম। নীচে বাজনা বাজিতেছিল, উৎসব হইতেছিল। কিন্তু অভাগিনী অনূঢ়া বালিকা কয়টি

অপরাধিণীর ন্যায় রৌদ্রে বসিয়া ঘুঁটের দুর্গন্ধে হাঁপাইতেছিল। কেহই ইহাদের আরামের জন্য একটুকু খেয়াল করিতেছিল না।

[১০]

অবরোধ বাসিনী – ২১

[২১]

বঙ্গদেশের কোন জমীদারের বাড়ী পুণ্যাহের উৎসব উপলক্ষে নাচ গান হইতেছিল। নর্ত্তকীরা বাহিরে যেখানে বিরাট শামিয়ানার নীচে নাচিতেছিল, সে স্থানটা বাড়ীর দেউড়ীর কামরা হইতে দেখা যাইত। কিন্তু বাড়ীর কোনও বিবি সে দেউড়ীর ঘরে যান নাই। নৃত্য দর্শন ও সঙ্গীত শ্রবণের সৌভাগ্য লইয়া বিবিরা ধরাধামে আসেন নাই।

জমীদার সাহেবের একটী তিন বৎসর বয়স্কা কন্যা ছিল। মেয়েটী দিব্যি গৌরাঙ্গী। তাহাকে আদর করিয়া কেহ বলিত, চিনির পুতুল, কেহ বলিত, ননীর পুতুল। নাম সাবেরা। ভোরের সময় রৌশন চৌকির ভৈরবী আলাপে নিদ্রিত পাখীরা জাগিয়া কলরব আরম্ভ করিয়াছে। সাবেরার 'খেলাই'ও (আধুনিক ভাষায় "আয়া") জাগিয়া উঠিয়াছে। তাহার সাধ হইল, একটু নাচ দেখিতে যাইবে। কিন্তু সাবেরা তখনও ঘুমাইতেছিল। সুতরাং খেলাই সে নিদ্রিতা শিশুকে কোলে লইয়া ঘরে নাচ দেখিতে গেল।

যেখানে বাঘের ভয়, সেখানেই রাত হয়! কর্তা সেই সময় বহির্ব্বাটী হইতে অন্তঃপুরে আসিতেছিলেন। দেখিলেন, সাবেরাকে কোলে লইয়া খেলাই থড়খড়ির পাখী তুলিয়া তামাসা দেখিতেছিল। তাঁহার হাতে একটা মোটা লাঠি ছিল তিনি সেই লাঠি দিয়া খেলাইকে প্রহার আরম্ভ করিলেন। খেলাইয়ের চিৎকারে বিবিরা দৌড়িয়া দেউড়ী ঘরে আসিলেন। এক লাঠি লাগিল সাবেরার ঊরুতে। তখন কর্তার ভ্রাতৃবন্ধু অগ্রসর হইয়া বলিলেন, "ছোট সাহেব, করেন কি! করেন কি! মেয়ে মেরে ফেলবেন?" প্রহারবৃষ্টি তৎক্ষণাৎ থামিয়া গেল। জমীদার সাহেব সক্রোধে কহিলেন, "হতভাগী, নিজে নাচ দেখবি, দেখ না, কিন্তু আমার মেয়েকে দেখাতে আনলি কেন?"

কিন্তু প্রকৃতপক্ষে শিশু ত খেলাইয়ের কাঁধে মাথা রাখিয়া গভীর নিদ্রায় মগ্ন ছিল,-সে বেচারী কিছুই দেখে নাই। বাড়ীময় শোরগোল পড়িয়া গেল।- সাবেরার দুধের মত শাদা ধবধবে ঊরুতে লাঠির আঘাতে এক বিশ্রী কালো দাগ দেখিয়া কর্তাও মরমে মরিয়া গেলেন। এইরূপে লাঠির গুঁতায় আমাদের অবরোধ-কারায় বন্দী করা হইয়াছে।

অবরোধ বাসিনী - ২২

[২২]

শিয়ালদহ ষ্টেশনের প্লাটফরম ভরা সন্ধ্যার সময় এক ভদ্রলোকে ট্রেণের অপেক্ষায় পায়চারী করিতেছিলেন। কিছু দূরে আর একজন দাঁড়াইয়া ছিলেন; তাঁহার পার্শ্বে এক গাদা বিছানা ইত্যাদি ছিল। পূর্ব্বোক্ত ভদ্রলোক কিঞ্চিৎ ক্লান্তি বোধ করায় উক্ত গাদার উপর বসিতে গেলেন। তিনি বসিবা মাত্র বিছানা নড়িয়া উঠিল–তিনি তৎক্ষণাৎ সভয়ে লাফাইয়া উঠিলেন। এমন সময় সেই দণ্ডায়মান ভদ্রলোক দৌড়িয়া আসিয়া সক্রোধে বলিলেন,–“মশায়, করেন কি? আপনি স্ত্রীলোকদের মাথার উপর বসিতে গেলেন কেন?” বেচারা হতভম্ব হইয়া বলিলেন, “মাফ করিবেন, মশায়! সন্ধ্যার আঁধারে ভালমতে দেখিতে পাই নাই, তাই বিছানার গাদা মনে করিয়া বসিয়াছিলাম। বিছানা নড়িয়া উঠায় আমি ভয় পাইয়াছিলাম যে, এ কি ব্যাপার!”

অবরোধ বাসিনী - ২৩

[২৩]

অপরের কথা দূরে থাকুক। এখন নিজের কথা কিছু বলি। সবে মাত্র পাঁচ বৎসর বয়স হইতে আমাকে স্ত্রীলোকদের হইতেও পর্দ্দা করিতে হইত। ছাই কিছুই বুঝিতাম না যে, কেন কাহারও সম্মুখে যাইতে নাই; অথচ পর্দ্দা করিতে হইত। পুরুষদের ত অন্তঃপুরে প্রবেশ নিষেধ, সুতরাং তাহাদের অত্যাচার আমাকে সহিতে হয় নাই। কিন্তু মেয়েমানুষের অবাধ গতি–অথচ তাহাদের দেখিতে না দেখিতে লুকাইতে হইবে। পাড়ার স্ত্রীলোকেরা হঠাৎ বেড়াইতে আসিত; অমনি বাড়ীর কোন লোক চক্ষুর ইসারা করিত, আমি যেন প্রাণ-ভয়ে যত্র-তত্র-কখনও রান্নাঘরের ঝাঁপের অন্তরালে, কখনও কোন চাকরাণীর গোল করিয়া জড়াইয়া রাখা পাটীর অভ্যন্তরে, কখনও তক্তপোশের নীচে লুকাইতাম। বাচ্ছাওয়ালী মুরগী যেমন আকাশে চিল দেখিয়া ইঙ্গিত করিবা মাত্র তাহার ছানাগুলি মায়ের পাখার নীচে পলায়, আমাকেও সেইরূপ পলাইতে হইত। কিন্তু মুরগীর ছানার ত মায়ের বুক স্বরূপ একটা নির্দিষ্ট আশ্রয় থাকে, তাহারা সেইখানে পলাইয়া থাকে; আমার জন্য সেরূপ কোন নির্দ্দিষ্ট নিরাপদ স্থান ছিল না। আর মুরগীর ছানা স্বভাবতঃই মায়ের ইঙ্গিত বুঝে–আমার ত সেরূপ কোন স্বাভাবিক ধর্ম্ম (instinct) ছিল না। তাই কোন সময় চক্ষের ইসারা বুঝিতে না পারিয়া দৈবাৎ না পলাইয়া যদি কাহারও সম্মুখীন হইতাম, তবে হিতৈষিণী মুরুব্বিগণ, "কলিকালের মেয়েরা কি বেহায়া, কেমন বেগয়রৎ" ইত্যাদি বলিয়া গঞ্জনা দিতে কম করিতেন না।

আমার পঞ্চম বর্ষ বয়সে কলিকাতা থাকাকালীন দ্বিতীয়া ভ্রাতৃবধূর খালার বাড়ী-বেহার হইতে দুইজন চাকরাণী তাঁহাকে দেখিতে আসিয়াছিল। তাহাদের 'স্ত্রী পাসপোর্ট' ছিল,-তাহারা সমস্ত বাড়ীময় ঘুরিয়া বেড়াইত, আর আমি প্রাণ-ভয়ে পলায়মান হরিণশিশুর মত প্রাণ হাতে লইয়া যত্র-তত্র-কপাটের অন্তরালে কিম্বা টেবিলের নীচে পলাইয়া বেড়াইতাম। ত্রিতলে একটা নির্জ্জন চিল-কোঠা ছিল; অতি প্রত্যুষে আমাকে খেলাই কোলে করিয়া সেইখানে রাখিয়া আসিত; প্রায় সমস্ত দিন সেইখানে অনাহারে কাটাইতাম। বেহারের চাকরাণীদ্বয় সমস্ত বাড়ী তন্নতন্ন করিয়া খুঁজিবার পর অবশেষে সেই চিল-

কোঠারও বিপদের সংবাদ দিল। ভাগ্যে সেখানে একটা ছাপরখাট ছিল, আমি সেই ছাপরখাটের নীচে গিয়া নিঃশ্বাস বন্ধ করিয়া রহিলাম-ভয়, পাছে আমার নিঃশ্বাসের সাড়া পাইয়া সেই হৃদয়হীনা স্ত্রীলোকেরা খাটের নীচে উঁকি মারিয়া দেখে! সেখানে কতকগুলি বাক্স, পেটারা, মোড়া ইত্যাদি ছিল। বেচারা হালু, তাহার (৬ বৎসর বয়সের) ক্ষুদ্র শক্তি লইয়া সেইগুলি টানিয়া আনিয়া আমার চারিধারে দিয়া আমাকে ঘিরিয়া রাখিল। আমার খাওয়ার খোঁজখবরও কেহ নিয়মমত লইত না। মাঝে মাঝে হালু খেলিতে খেলিতে চিল-কোঠায় গিয়া উপস্থিত হইলে, তাহাকেই ক্ষুধা তৃষ্ণার কথা বলিতাম। সে কখনও এক গ্লাস পানি, কখনও খানিকটা "বিন্নি" (খই বিশেষ) আনিয়া দিত। কখনও বা খাবার আনিতে গিয়া আর ফিরিয়া আসিত না-ছেলে মানুষ ত, ভুলিয়া যাইত। প্রায় চারিদিন আমাকে ঐ অবস্থায় থাকিতে হইয়াছিল।

অবরোধ বাসিনী – ২৪

[২৪]

বেহার অঞ্চলে শরীফ ঘরানার মহিলাগণ সচরাচর রেলপথে ভ্রমণের পথে ট্রেণে উঠেন না। তাঁহাদিগকে বনাতের পর্দ্দা ঢাকা পাল্কীকে পুরিয়া, সেই পাল্কীতে ট্রেণের মালগাড়ীতে তুলিয়া দেওয়া হয়। ফল কথা, বিবিরা পথের দৃশ্য কিছুই দেখিতে পান না। তাঁহারা ক্রকবঙ চায়ের মত Vacuum টিনে প্যাক হইয়া দেশ ভ্রমণ করেন। কিন্তু এই কলিকাতার এক ঘর সম্ভ্রান্ত পরিবার উহার উপরও টেক্কা দিয়াছেন। তাঁহাদের বাড়ীর বিবিদের রেলপথে কোথাও যাইতে হইলে প্রথমে তাঁহাদের প্রত্যেককে, পাল্কীতে বিছানা পাতিয়া, একটা তালপাতার হাত পাখা, এক কুজা পানি এবং একটা গ্লাস সহ বন্ধ করা হয়। পরে সেই পাল্কীগুলি তাঁহাদের পিতা কিম্বা পুত্রের সম্মুখে চাকরেরা যথাক্রমে–(১) বনাতের পর্দ্দা দ্বারা প্যাক করে; (২) তাহার উপর মোম-জমা কাপড় দ্বারা সেলাই করে; (৩) তাহার উপর থারুয়ার কাপড়ে ঘিরিয়া সেলাই করে; (৪) তাহার পর বোম্বাই চাদরের দ্বারা সেলাই করে; (৫) অতঃপর সর্ব্বোপরে চট মোড়াই করিয়া সেলাই করে। এই সেলাই ব্যাপার তিন চারি ঘণ্টা ব্যাপিয়া হয়–আর সেই চারি ঘণ্টা পর্য্যন্ত বাড়ীর কর্ত্তা ঠায় উপস্থিত থাকিয়া কাড়া পাহারা দেন। পরে বেহারা ডাকিয়া পাল্কীগুলি বনাতের পর্দ্দা ঢাকা অবস্থায় রাখিয়া চাকরেরা সরিয়া যায়। পরে কর্ত্তা স্বয়ং বন্দিনীদের অজ্ঞান অবস্থায় বাহির করিয়া যথারীতি মাথায় গোলাপজল ও বরফ দিয়া, মুখে চামচ দিয়া পানি দিয়া, চোখে মুখে পানির ছিটা দিয়া বাতাস করিতে থাকেন। দুই ঘণ্টা বা ততোধিক সময়ের শুশ্রূষার পর বিবিরা সুস্থ হন।

অবরোধ বাসিনী – ২৫

[২৫]

"অবরোধ-বাসিনী"র ১১নং ঘটনায় লিখিয়াছি যে, আমি গত ১৯২৪ সনে আমার দুই নাতিনের বিবাহোপলক্ষে আরায় গিয়াছিলাম। কিন্তু আমি আরা শহরটায় সেই বাড়ীখানা এবং আকাশ ছাড়া আর কিছুই দেখিতে পাই নাই। আমার "মেয়েকে" (অর্থাৎ মেয়ের মৃত্যুর পর জামাতার দ্বিতীয় পরে স্ত্রীকে) সেই কথা বলায় তিনি অতি মিনতি করিয়া আমাকে বলিলেন, "আম্মা, আপনি যদি দয়া করিয়া শহর দেখিতে চান, তবে আমরাও আপনার জুতার বরকতে শহরটা একটু দেখিয়া লইব। আমরা সাত বৎসর হইতে এখানে আছি, কিন্তু শহরের কিছুই দেখি নাই।" সদ্যপরিণীতা মজু এবং সবুও সকাতরে বলিল, "হ্যাঁ নানি আম্মা, আপনি আব্বাকে বলিলেই হইবে।"

আমি ক্রমান্বয়ে কয়েকদিন বাবাজীবনকে একখানা গাড়ী সংগ্রহ করিয়া দিতে বলায়, তিনি প্রতিদিনই অতি বিনীতভাবে জানাইতেন যে গাড়ী পাওয়া যায় না। শেষের দিন বিকালে তাঁহার ১১ বৎসর বয়স্ক পুত্র আমাদের সংবাদ দিল যে যদি বা একটা ভাড়াটে গাড়ী আসিয়াছে। কিন্তু তাঁহার জানালার একটা পাখী ভাঙ্গা। মজু অতি আগ্রহের সহিত বলিল, "সেখানটায় আমরা পর্দ্দা করিয়া লইব–আল্লার ওয়াস্তে তুমি গাড়ী ফেরত দিও না।" সবু ফিস্‌ফিস্‌ করিয়া বলিল, "ভালই হইয়াছে, ঐ ভাঙ্গা জানালা দিয়া ভালমতে দেখা যাইবে।" আমরা যতবারই গাড়ীতে উঠিতে যাইবার জন্য তাড়া দিই, ততবারই শুনিঃ সবুর করুন, বাহিরে এখনও পর্দ্দা হয় নাই।

কিছুণ পরে গাড়ীতে উঠিতে দিয়া দেখি, সোবহান আল্লাহ! দুই তিন থানা বোম্বাই চাদর দিয়া গাড়ীটি সম্পূর্ণ ঢাকিয়া ফেলা হইয়াছে। জামাতা স্বয়ং গাড়ীর দরজা খুলিয়া দিলেন, আমরা গাড়ীতে উঠিবার পর তিনি স্বহস্তে কাপড় দিয়া দরজা বাঁধিয়া দিলেন। গাড়ী কিছু দূরে গেলে, মজু সবুকে বলিল, "দেখ এখন ভাঙ্গা জানালা দিয়া!" সেই পর্দ্দার এক স্থলে একটা ছিদ্র ছিল, মজু, সবু এবং তাহাদের মাতা সেই দিকে ঝুঁকিয়া পড়িয়া দেখিতে লাগিলেন, আমি আর সে ফুটা দিয়া দেখিবার জন্য তাহাদের সহিত কাড়াকাড়ি করিলাম না।

অবরোধ বাসিনী – ২৬

[২৬]

আমাদের ন্যায় আমাদের নামগুলি পর্য্যন্ত পর্দ্দানশীল। মেয়েদের নাম জানা যায়, কেবল তাহাদের বিবাহের কাবিন লিখিবার সময়। এক মস্ত জমীদারের তিন কন্যার বিবাহ একই সঙ্গে হইতেছিল। মেয়েদের ডাকনাম বড় গেন্দলা, মেজো গেন্দলা, এবং ছোট গেন্দলা–প্রকৃত নাম কেহই জানে না। তাহাদের সম্পর্কের এক চাচা হইলেন বিবাহ পড়াইবার মোল্লা। কন্যাদের বয়স অনুসারে তিন জন বরের বয়সেরও তারতম্য ছিল। তিন জন বরই বিবাহ কেন্দ্রে অনুপস্থিত। আমরা পাঠিকাদের সুবিধার নিমিত্ত বরদিগকে বয়স অনুসারে ১নং, ২নং এবং ৩নং বলিব।

মোল্লা সাহেবের হাতে তিন বর এবং তিন কন্যার নামের তালিকা দেওয়া হইয়াছে। তিনি যথাসময় বিবাহের মন্ত্র পড়াইতে বসিয়া ভ্রমণবশতঃ বর ও কন্যাদের নাম গোলমাল করিয়া ১নং বরের সহিত ছোট গেন্দলার বিবাহ দিয়া দিলেন; ৩নং বরের সহিত মেজো গেন্দলার বিবাহ দিলেন। এখন ২নং বরের সহিত বড় গেন্দলার বিবাহের পালা। মেজো ও ছোট গেন্দলার বয়স খুব অল্প–১১ এবং ৭ বৎসর, তাই তাহারা কোন উচ্চ বাচ্য করে নাই। কিন্তু বড় গেন্দলার বয়স ১৯ বৎসর; সে লুকাইয়া ছাপাইয়া মুরুক্বিদের কথাবার্ত্তা শুনিয়া জানিয়াছিল, তাহার বিবাহ হইবে, ১নং বরের সহিত। আর বরের নামও তাহার জানা ছিল। সুতরাং ২নং বরের নাম লইয়া মোল্লা সাহেব যখন বড় গেন্দলার "এজেন" চাহিলেন, সে আর কিছুতেই মুখ খোলে না। মা, মাসীর উৎপীড়ন সহ্য করিয়াও সাহেবকে বলিলেন, "হাঁম গেন্দলা হুঁ বলেছে; বিয়ে হয়ে গেছে, তুমি আর কতক্ষণ হয়রাণ হবে।" তিনি বলিলেন, "আমরা গেন্দলার মুখের "হুঁ" শুনি নাই, তবে কি আপনার "হুঁ" লইয়া আপনারই বিবাহ পড়াইব নাকি?" তদুত্তরে ক'নের মা তাঁহার পিঠে এক বিরাট কিল বসাইয়া দিলেন। অবশেষে গেন্দলা বেচারী "হুঁ" বলিল কিনা আমরা সে খবর রাখি না।

এদিকে যথাসময়ে টেলিগ্রাফযোগে ৩০ বৎসর বয়স্কগা ১নং বর যখন জানিলেন যে, তাঁহার বিবাহ হইয়াছে, (১৯ বৎসর বয়স্কা বড় গেন্দলার

পরিবর্ত্তে) সর্ব্বকনিষ্ঠা ৭ম বর্ষীয়া ছোট গেন্দলার সহিত তখন তিনি চটিয়া লাল হইলেন—শাশুড়ীকে লিখিলেন কন্যা বদল করিয়া দিতে; নচেৎ তিনি তাঁহার বিরুদ্ধে জুয়াচুরির মোকদ্দমা আনিবেন, ইত্যাদি ইত্যাদি।

অবরোধ বাসিনী – ২৭

[২৭]

প্রায় ১০/১১ বৎসরের ঘটনা। বলিয়াছি ত বেহার অঞ্চলে বিবাহের তিন মাস পূর্ব্বে "মাইয়া-খানায়" বন্দী করিয়া মেয়েদের আধমরা করা হয়। ও তখনও ঐ বন্দিশালায় বসিবার মেয়াদ,-যদি বাড়ীতে কোন দুর্ঘটনা হইয়া বিবাহের তারিখ পিছাইয়া যায় তবে-বৎসর কালও হয়; এক বেচারী সেইরূপ ছয়মাস পর্য্যন্ত বন্দিনী ছিল। তাহার স্নান, আহার প্রভৃতির বিষয়েও যথাবিধি যত্ন লওয়া হইত না। একেই ত বেহারী লোকেরা সহজে স্নান করিতে চায় না, তাহাতে আবার "মাইয়াখানা"র বন্দিনী মেয়েকে কে ঘন ঘন স্নান করাইবে? ঐ সময় মেয়ে মাটিতে পা রাখে না-প্রয়োজনমত তাহাকে কোলে করিয়া স্নানাগারে লইয়া যাওয়া হয়। তাহার নড়াচড়া সম্পূর্ণ নিষেধ। সমস্ত দিন মাথা গুঁজিয়া একটা খাটিয়ার উপর বসিয়া থাকিতে হয়; রাত্রিকালে সেইখানেই শুইতে হয়। অপরে মুখে তুলিয়া ভাতের গ্রাস খাওয়ায়, অপরে "আবথোয়া" ধরিয়া পানি খাওয়াইয়া দেয়। মাথার চুলে জটা হয়, হউক-সে নিজে মাথা আঁচড়াইতে পাইবে না-ফল কথা, প্রত্যেক বিষয়ের জন্য তাহাকে পরের মুখাপেক্ষী হইয়া থাকিতে হয়। যাহা হউক, ছয় মাস অন্তর সেই মেয়েটীর বিবাহ হইলে দেখা গেল, সর্ব্বদা চক্ষু বুজিয়া থাকার ফলে তাহার চক্ষু দুইটী চিরতরে নষ্ট হইয়া গিয়াছে।

অবরোধ বাসিনী – ২৮

[২৮]

বহুকালের ঘটনা। বহু পুণ্যফলে আরবদেশীয় কোন মহিলা কলিকাতায় তশরীফ আনিয়াছেন। তিনি ভাঙ্গা ভাঙ্গা উর্দু বলিতে শিখিয়াছিলেন। যখন দলে দলে বিবিরা পাল্কীযোগে তাঁহার জেয়ারত করিতে আসিতেন, তিনি পাল্কী দেখিয়া হয়রাণ হইতেন যে এ "আজাব" কেন?

একদিন পূর্ব্ববঙ্গের এক বিবি আসিয়াছিলেন। আরবীয়া মহিলা কুশল প্রশ্ন প্রসঙ্গে আগন্তুক বিবির স্বামীর কুশল জিজ্ঞাসা করিলে উত্তর দান কালে বাঙ্গাল বিবি মাথার ঘোমটা টানেন আর বলেন, "তানি ত বালই আছেন, তানার আবার কি অনব? তানি ত বালই আছেন।" বেচারী আরবীয়া বিবি বুঝিতেই পারিলেন না যে, স্বামীর কুশল বলিবার সময় ঘোমটা টানার প্রয়োজন হইল কেন?

আরবীয়া বিবি বাঙ্গালায় বিবিদের পাল্কীতে উঠা ব্যাপারটা কৌতুকের সহিত দাঁড়াইয়া দেখিতেন। একদিন এক বোরকা পরিহিতা বিবি পাল্কীতে উঠিলেন, তাঁহার কোলে দুই বৎসরের শিশু, সঙ্গে পানদান, একটা বড় কাঠের বা, একটা কাপড়ের গাঁটরী এবং এক কূজা পানি। পাল্কীটার বেতের ছাউনি ভাঙ্গা ছিল, তাহা পূর্ব্বে কেহ লক্ষ্য করে নাই পাল্কীর দুই পার্শ্বে তুলিল, অমনি মড়মড় করিয়া পাল্কীর বেত্রাসন ভাঙ্গিতে লাগিল। পাল্কীর দুই পার্শ্বে দুই বরকন্দাজ চলিয়াছে-তাঁহারা শিশুটিকে সম্বোধন করিয়া জিজ্ঞাসা করিল, "সাহেবজাদা মড়মড় শব্দ করে কি?" কিন্তু পাল্কী হইতে কোন উত্তর আসিল না;- একটু পরে গেট পার হইয়া পাল্কীটা অত্যন্ত হালকা বোধ হওয়ায় বেহারাগণ থমকিয়া দাঁড়াইল। ওদিকে ভাঙ্গা পাল্কী গলাইয়া বোরকা পরা বিবি ছেলেকে আঁকড়িয়া ধরিয়া মাটীতে বসিয়া পড়িয়াছেন; গাঁটরী, পানদান সব ইতস্ততঃ বিক্ষিপ্ত। কূজা ভাঙ্গিয়া পানি পড়িয়া তিনি ভিজিয়া গিয়াছেন,- কিন্তু তবু মুখে বলেন নাই-"পাল্কী থামাও!" কলিকাতার রাস্তায় এই ব্যাপার!-বেচারী আরবের বিবি তাড়াতাড়ি চাকরাণী পাঠাইয়া বিবিটিকে আনাইয়া বলিলেন, "বিবি, পাল্কীর এমন তামাসা দেখিবার জন্য আমি প্রস্তুত ছিলাম না!"

অবরোধ বাসিনী - ২৯

[২৯]

একবার আমি কোন একটী লেডীজ কনফারেন্স উপলক্ষে আলীগড়ে গিয়াছিলাম। সেখানে অভ্যাগতা মহিলাদের নানাবিধ বোরকা দেখিলাম। একজনের বোরকা কিছু অদ্ভূত ধরণের ছিল। তাঁহার সহিত আলাপ পরিচয়ের পর তাঁহার বোরকা প্রশংসা করায় তিনি বলিলেন,-"আর বলিবেন না,-এই বোরকা লইয়া আমার যত লাঞ্ছনা হইয়াছে!" পরে তিনি সেই সব লাঞ্ছনার বিষয় যাহা বলিলেন, তাহা এইঃ

তিনি কোন বাঙ্গালী ভদ্রলোকের বাড়ী শাদীর নিমন্ত্রণে গিয়াছিলেন। তাঁহাকে (বোরকা সহ) দেখিবামাত্র সেখানকার ছেলে-মেয়েরা ভয়ে চীৎকার করিয়া কে কোথায় পলাইবে, তাহার ঠিক নাই। আরও কয়েক ঘর বাঙ্গালী ভদ্রলোকের সহিত তাঁহার স্বামীর আলাপ ছিল, তাই তাঁহার সকলেল বাড়ীই যাইতে হইত। কিন্তু যতবার যে বাড়ী গিয়াছেন, ততবারই ছেলেদের সভয় চীৎকার ও কোলাহল সৃষ্টি করিয়াছেন। ছেলেরা ভয়ে থরথর কাঁপিত।

তিনি একবার কলিকাতায় আসিয়াছিলেন। তাঁহারা চারি পাঁচ জনে বোরকাসহ খোলা মোটরে বাহির হইলে পথের ছেলেরা বলিত, "ওমা! ওগুলো কি গো?" একে অপরকে বলে "চুপ কর!-এই রাত্রিকালে ওগুলো ভূত না হয়ে যায় না।" বাতাসে বোরকার নেকার একটু আধটু উড়িতে দেখিলে বলিত-"দেখবে দেখ। ভূতগুলো শুঁড় নড়ে-! বাবারে! পালা রে!"

তিনি এক সময় দার্জ্জীলিং গিয়াছিলেন। ঘুম ষ্টেশনে পৌঁছিলে দেখিলেন, সমবেত জনমণ্ডলী একটা বামন লোককে দেখিতেছে-বামনটা উচ্চতায় একটা ৭/৮ বৎসরের বালকের সমান, কিন্তু মুখটা বয়োপ্রাপ্ত যুবকের,-মুখভরা দাড়ী গোঁফ। হঠাৎ তিনি দেখিলেন, জনমণ্ডলীর কৌতূকপূর্ণ দৃষ্টি তাঁহার দিকে! দর্শকেরা সে বামন ছাড়িয়া এই বোরকাধারিণীকে দেখিতে লাগিল!

অতঃপর দার্জ্জিলিং পৌঁছিয়া তাঁহারা আহারান্তে বেড়াইতে বাহির হইলেন; অর্থাৎ রিকশ গাড়ীতে করিয়া যাইতেছিলেন। "মেলে" গিয়া দেখিলেন, অনেক লোকের ভীড়; সেদিন তিব্বত হইতে সেনা ফিরিয়া আসিতেছিল, সেই দৃশ্য

দেখিবার জন্য ভীড়। তাঁহার রিকশখানি পথের একধারে রাখিয়া তাঁহার কুলিরাও গেল,-তামাসা দেখিতে। কিয়ৎক্ষণ পরে তিনি দেখেন, দর্শকেরা সকলেই এক একবার রিকশর ভিতর উঁকি মারিয়া তাঁহাকে দেখিয়া যাইতেছে।

তিনি পদব্রজে বেড়াইতে বাহির হইলে পথের কুকুরগুলো ঘেউঘেউ করিয়া তাঁহাকে আক্রমণ করিতে আসিত। দুই একটা পার্ব্বত্য ঘোড়া তাঁহাকে দেখিয়া ভয়ে সওয়ার শুদ্ধ লাফালাফি আরম্ভ করিত। একবার চায়ের বাগানে বেড়াইতে গিয়া দেখেন, তিনি চারি বৎসরের এক বালিকা মস্ত ঢিল তুলিয়াছে, তাঁহাকে মারিতে! *

একবার তাঁহার পরিচিতা আরও চারি পাঁচজন বিবির সহিত বেড়াইবার সময় একটা ক্ষুদ্র ঝরণার ধারে কঙ্করবিশিষ্ট কাদায় সকলেই বোরকায় জড়াইয়া পড়িয়া গেলেন। নিকটবর্ত্তী চা বাগান হইতে কুলিরা দৌড়িয়া আসিয়া তাঁহাদের তুলিল; আর স্নেহপূর্ণ ভৎর্সনায় বলিল, "একে ত জুতা পরেছ, তার উপর আবার ঘেরাটোপ,-এ অবস্থায় তোমরা গড়াইবে না ত কি করিবে?" আহা! বিবিদের কারচুপি কাজ করা দো-পাট্টা কাদায় লতড়-পতড়, আর বোরকা ভিজিয়া তর-বতর! কেবল ইহাই নহে, পথের লোক রোরুদ্যমান শিশুকে চুপ করাইবার নিমিও তাঁহাদের দিকে অঙ্গুলী নির্দ্দেশ করিয়া বলিত,-"চুপ কর, ঐ দেখ মক্কা মদিনা যায়,-ঐ!"-ঘেরাটোপ জড়ানো জুজুবুড়ী,-ওরাই মক্কা মদিনা!!"

* বাঙ্গালী ও গুর্খায় প্রভেদ দেখুন; যৎকালে বাঙ্গালী ছেলেরা ভয়ে চীৎকার করিয়া দৌড়াদৌড়ি করিয়া পলাইত, সে সময় গুর্খাশিশু আত্মরক্ষার জন্য ঢিল তুলিয়াছে সে ভয়াবহ বস্তুকে মারিতে!

অবরোধ বাসিনী – ৩০

[৩০]

কোন একটী কুলে শীলে ধন্য সৎ পাত্রের সহিত এক জমীদারের বয়োপ্রাপ্তা কন্যার বিবাহ ঠিক হইয়াছিল। কি কারণে বরের পিতার সহিত কন্যাকর্ত্তার ঝগড়া হওয়ায় বিবাহের সম্বন্ধ ভাঙ্গিয়া গেল। ইহাতে পাত্রী যাহার পর নাই দুঃখিতা হইল।

কন্যার পিতা তাড়াতাড়ি অন্য বর না পাইয়া নিজের এক দুরাচার ভ্রাতুষ্পুত্রের সহিত কন্যার বিবাহ দিতে বসিলেন। সে বেচারী তাহার খুড়তাতো ভাইয়ের কুকীর্ত্তির বিষয় সমস্তই অবগত ছিল,–কত দিন সে নিজেই ঐ মাতালটাকে তেঁতুলের শরবত থাওয়াইয়া এবং মাথায় জল ঢালিয়া তাহার মাতলামী দূর করিতে চেষ্টা করিয়াছে। সুতরাং এ বিবাহে তাহার ঘোর আপত্তি ছিল।

কিন্তু পাত্রী ত মূক,–তাহার বাকশক্তি থাকিয়াও নাই। তাহার একমাত্র সম্বল নীরব রোদন। তাই সে কেবল কাঁদিয়া চক্ষু ফুলাইয়াছে, আহার নিদ্রা ত্যাগ করিয়াছে। কিন্তু নিষ্ঠুর পিতামাতার ভ্রূক্ষেপ নাই,–তাঁহারা ঐ মাতালের সহিত তাহার বিবাহ দিবেনই দিবেন। এইরূপেই আমাদের কাঠমোল্লা মুরুক্ষিগণ শরিয়তের গলা টিপিয়া মারিয়া ইসলাম ও শরিয়ত রক্ষা করিতেছে।

বিবাহ-সভায় বসিয়া পাত্রী কিছুতেই "হঁ" বলিতেছিল না। মাতা, পিতামহী প্রভৃতির অনুনয়, সাধ্য-সাধনা, মিষ্ট ভৎসনা,–সবই সে দুই চরে জলে ভাসাইয়া দিতেছিল। অবশেষে একজনে অতর্কিতে কন্যাকে খুব জোরে চিমটি কাটিল; সেই আঘাতে সহসা "উহ–!" বলিয়া সে কাতর ধ্বনি করিয়া উঠিল। সেই "উহ" কে "হঁ" বলিয়া ধরিয়া লইয়া তাহার বিবাহ ক্রিয়া সমাপ্ত হইল। সোবহান আল্লাহ্! জয়, অবরোধের জয়!

অবরোধ বাসিনী – ৩১

[৩১]

একবার কোন স্থলে চলন্ত ট্রেণে মেয়েমানুষদের কক্ষে একটা চোর উঠিল। চোর বহাল তবিয়তে একে একে প্রত্যেকের অলঙ্কার খুলিয়া লইল; কিন্তু লজ্জায় জড়সড় লজ্জাবতী অবলা সরলা কুলবালাগণ কোন বাধা দিলেন না। তাঁহারা সকলে ক্রমাগত ঘোমটা টানিয়া থাকিলেন। “তওবা! তওবা! কাঁহা সে মর্দুয়া আ গয়া!” বলিয়া কেহ কেহ বোরকার “নেকাব” টানিলেন। পরে চোর মহাশয় ট্রেণের এলার্মের শিকল টানিয়া গাড়ি থামাইয়া নির্ব্বিঘ্নে নামিয়া গেল।

অবরোধ বাসিনী – ৩২

[৩২]

ভাংনীর জমীদার সাহেবের ডাকনাম,–ধরুন–বাচ্চা মিয়া। তাঁহার পত্নীর নাম হাসিনা খাতুন। হাসিনার পিতার বিশাল সম্পত্তি,–অগাধ টাকা। একবার বাচ্চা মিয়া স্ত্রীকে বলিলেন, “আমার টাকার দরকার, আজই তোমার পিতার নিকট পত্র লিখাইয়া টাকা আনাইয়া দাও।” যথাসময়ে টাকার পরিবর্তে তথা হইতে মিতব্যয়ের উপকারিতা সম্বন্ধে এক বক্তৃতার ন্যায় পত্র আসিল।

বাচ্চা মিয়ার শ্বশুর অনেকবার জামাতাকে টাকা দিয়াছেন। এখন টাকা দানে তাঁহার অরুচি জন্মিয়া গিয়াছে। তাই কন্যাকে টাকা না পাঠাইয়া উপদেশ পাঠাইলেন। ইহাতে বাচ্চা মিয়া রাগ করিয়া স্ত্রীর “নাইওর” (পিত্রালয়) যাওয়া বন্ধ করিয়া দিলেন।

এক দিকে পিতামাতা কাঁদেন, অপর দিকে হাসিনা নীরবে কাঁদেন–পরস্পরে দেখা সাক্ষাৎ আর হয় না। কিছু কাল পরে হাসিনার ভ্রাতা তাঁহাকে দেখিতে আসিলেন।

তিনি সোজা ভাংনী না গিয়া পথে দুই ক্রোশ দূরে ফুলচৌকী নামক গ্রামে তাঁহার মাসীমার বাড়ীতে উপস্থিত হইলেন। পরদিন প্রাতঃকালে ভাংনীতে সংবাদ পাঠাইলেন যে তিনি অপরাহ্নে তথায় যাইবেন।

যাহাতে ভ্রাতা ও ভগিনীতে দেখা না হইতে পারে, সে জন্য বাচ্চা মিয়া এক ফন্দী করিলেন। তিনি স্ত্রীকে বলিলেন যে তাঁহাদের লইয়া যাইবার জন্য ফুলচৌকী হইতে লোক আসিয়াছে। হাসিনা স্বামীর চালবাজী জানিতেন, সহসা তাঁহার কথায় বিশ্বাস করিলেন না। তিনি কোন প্রকারে জানিতে পারিয়াছিলেন যে অদ্য অপরাহ্নে তাঁহার ভাই সা'ব আসিবেন।

বাচ্চা মিয়া পুনরায় কহিলেন, “ভাই সা'বের মাথা ধরিয়াছে, তিনি আজ আসিতে পারিবেন না। সেই জন্য থালা আম্মা ইয়ার মাহমুদ সর্দারকে পাঠাইয়াছেন আমাদের লইয়া যাইতে। তুমি আমার কথা বিশ্বাস না কর ত চল দেউড়ী ঘরে গিয়া স্বকর্ণে সর্দারের কথা শুন।”

তদনুসারে দেউড়ী ঘরের দ্বারের বাহিরে ইয়ার মাহমুদকে ডাকিয়া আনা হইল। ঘরের ভিতর হইতে বাচ্চা মিয়া জিজ্ঞাসা করিলেন, "ইয়ার মাহমুদ! তুমি এখন ফুলচৌকী হইতে আইস নাই?" সে উত্তর করিল, "হাঁ হুজুর! আমিই খবর নিয়া আসিয়াছি–" বাচ্চা মিয়া তাড়াতাড়ি অন্য কথা পাড়িয়া তাহাতে আর বেশী কিছু বলিতে দিলেন না।

হাসিনা হাসি–খুশী, মাসীমার বাড়ী যাইতে প্রস্তুত হইলেন। তাঁহার জন্য বানাতের ঘেরাটোপ ঢাকা পাল্কী সাজিল, তাঁহার বাঁদীদের জন্য খেরুয়ার ওয়াড ঘেরা গোটা আষ্টেক ডুলী সাজিল, বাচ্চা মিয়া মেয়ানা, (খোলা পাল্কী বিশেষ) সাজিল। আর্দালী, বরকন্দাজ, আসাবরদার, সোটাবরদার ইত্যাদি সহ তাঁহারা বেলা ১টার সময় রওয়ানা হইলেন।

পথে যখন হাসিনা বুঝিতে পারিলেন যে দুইখানি ডিঙ্গী নৌকা যুড়িয়া, তাহার উপর তাঁহার পাল্কী রাখিয়া নদী পার করা হইতেছে, তখন তিনি রোদন আরম্ভ করিলেন যে ফুলচৌকী যাইতে ত নদী পার হইতে হয় না,–আল্লারে, আল্লাহ! সা'ব তাহাকে এ কোন জায়গায় আনিলেন!! পাল্কীতে মাথা ঠুকিয়া কান্না ছাড়া অবরোধ–বাসিনী আর কি করিতে পারে?

অবরোধ বাসিনী – ৩৩

[৩৩]

প্রায় ১৮ বৎসর হইল, কলিকাতায় একটী দেড় বৎসর বয়স্কা শিশুর জ্বর হইয়াছিল। তাঁহাদের অবরোধ অতি কঠোর,-তাই ততটুকু মেয়েকেও কোন হি-ডাক্তার দেখিতে পাইবেন না, সুতরাং শি-ডাক্তার আসিয়াছেন। বাড়ী ভরা যে স্ত্রীলোকেরা আছেন, তাঁহাদের একমাত্র "শরাফত" ব্যতীত আর কোন গুন নাই। তাঁহারা লেডী ডাক্তার মিস গুপ্তকে ঘিরিয়া দাঁড়াইয়া আছেন। মিস গুপ্ত দেখিয়া শুনিয়া রোগী মেয়েকে গরম জলে স্নান করাইতে চাহিলেন।

শি-ডাক্তার মিস গুপ্ত চাহেন গরম জল,-বিবিরা একে অপরের মুখ! তিনি চাহেন ঠাণ্ডা জল,-বিবিরা বলেন, "বাপরে ঠাণ্ডা জলে স্নান করালে মেয়ের জ্বর বেড়ে যাবে!" ফল কথা, বেচারী মিস গুপ্ত সে দিন কিছুতেই তাঁহাদিগকে নিজের বক্তব্য বুঝাইতে পারিলেন না। তিনি বাহিরে আসিয়া কর্তার নায়েব সাহেবকে সমস্ত বলিয়া বিদায় হইবার সময় বলিলেন, তিনি এ বাড়ীতে আর আসিবেন না। নায়েব সাহেব অনেক অনুনয় বিনয় করিয়া তাঁহাকে ১৬ ফী গছাইয়া দিয়া পর দিন আবার আসিতে বলিলেন।

পরদিন আবার শি-ডাক্তার মিস গুপ্তকে লইয়া বাড়ীর গিন্নীদের গণ্ডগোল আরম্ভ হইল। বে-গতিক দেখিয়া নায়েব সাহেব তাঁহার পরিচিতা জনৈকা মহিলাকে আনিয়া মিস গুপ্তের নিকট পাঠাইয়া দিলেন। বীণাপাণি (নায়েব সাহেবের প্রেরিত সেই বাঙ্গালী মহিলা) আসিয়া দেখেন, লেডী ডাক্তার রাগিয়া ভূত হইয়া আছেন। আর সমবেত বিবিরা দাঁড়াইয়া ভয়ে থর থর কাঁপিতেছেন,-তাঁহাদের মুখে ধান দিলে থই ফোটে! শেষে মিস গুপ্ত গর্জন করিয়া বলিলেন, "ময়ঁ তামাসা দেখনে নেহী আয়ী হাঁ!"

বীণাপাণি চুপিচুপি বিবিদের জিজ্ঞাসা করিলেন যে, ব্যাপার কি? তাঁহারা বলিলেন, "বুঝিতে পারি না,-তিনি তোয়ালে চাহেন, টব চাহেন, কিন্তু আমরা যাহা দিই, তাহাই দূরে ছুঁড়িয়া ফেলেন।"

পরে তিনি মিস গুপ্তকে তাঁহার বিরুদ্ধে বিরক্তির কারণ জিজ্ঞাসা করায় তিনি হাতের ঘড়ী দেখিয়া বলিলেন, "দেখুন দেখি! আধ ঘন্টার উপর হয়ে এ'ল, এখন পর্য্যন্ত মেয়েকে স্নান করাবার জন্য কোন জিনিষ পেলুম না।" বীণা সভয়ে বলিলেন, "উহারা যে জিনিষ দেন, তাই নাকি আপনি পসন্দ করেন না?"

মিস গুপ্ত বলিলেন, "কি করে পসন্দ করব বলুন দেখি? আমি চাই একটা বাথ-টাব তাতে বসিয়ে শিশুকে স্নান করাব, ওঁরা দেন আমাকে এতটুকু একটা একসেরা ডেকচি-কাজেই আমি ছুঁড়ে ফেলেছি! আপনিই বলুন ত ঐটুকু ডেকচির ভিতর আমি শিশুকে বসাই কি করে? আমি চাই নরম পুরাতন কাপড়, শিশুর গা মুছে দেবার জন্যে, ওঁরা দেন আমাকে নূতন খসখসে তোয়ালে, - কাজেই আমি ছুড়ে ফেলে দিয়েছি! আমাকে ঐশ্বর্য্য দেখান যে নূতন তোয়ালে আছে! এঁরা মনে করেন যে এঁরা পীর-তাই Everybody should worship them!"

শেষে বীণা সমস্ত জিনিষ যোগাড় করিয়া দিয়া শিশুকে স্নান করাইতে মিস গুপ্তের সাহায্য করিলেন। তখন রাগ পড়িয়া গিয়া তাঁহার মুখে হাসি ফুটিল; বিবিরাও নিশ্বাস ছাড়িয়া বাঁচিলেন।

অবরোধ বাসিনী – ৩৪

[৩৪]

শুনিয়াছি বঙ্গদেশের কোন শরীফ খান্দানের বাড়ীর নিয়ম এই যে বিবাহের সময় কন্যাকে "হুঁ" বলিয়া এজেন দিতে হয় না। মেয়ের কন্ঠস্বরের ঐ "হু" টুকুই বা পরপুরুষে শুনিবে কেন? সেই জন্য বিবাহসভায় মোটা পর্দ্দার একদিকে পাত্রীর উকিল, সাক্ষী, আত্মীয়স্বজন এবং বর পরে লোকের থাকে, অপর পার্শ্বে কন্যাকে লইয়া স্ত্রীলোকেরা বসে। পর্দ্দার নীচে একটা কাঁসার থালা থাকে,–থালার অর্দ্ধেক পর্দ্দার এপারে, অপর অর্দ্ধাশ পর্দ্দার ওপারে থাকে।

বিবাহের কলেমা পড়ার পর কন্যার কোন সঙ্গিনী বা চাকরাণী একটা সরোতা (যাঁতী সেই থালার উপর ঝনাৎ করিয়া ফেলিয়া দেয়–যাঁতীটা সশব্দে পুরুষদের দিকে গিয়া পড়িল বিবাহ-ক্রিয়া সমাপ্ত হয়।

এই প্রসঙ্গে আমার আর একটী কথা মনে পড়িল। লক্ষ্ণৌ-এর এক বিবির সহিত আমার আলাপ আছে। একদিন তাহার বাড়ী বেড়াইতে গিয়াছি; কিছুণ পরে তাঁহার সপ্তম বর্ষীয় পুত্র দুষ্টামী করায় তিনি তাহাকে "হারামী–" বলিয়া গালি দিয়া মারিতে উদ্যত হইলেন। ছেলে পলাইয়া গেলে পর আমি তাঁহাকে বিনা সঙ্কোচে জিজ্ঞাসা করিলাম, এ গালি তিনি কাহাকে দিলেন,–ছেলেকে, না ছেলের মাতাকে? তিনি তদুত্তরে সহাস্যে বলিলেন যে বিবাহের সময় যদিও তিনি বয়োপ্রাপ্তা ছিলেন তথাপি কেহ তাঁহার মতামত জিজ্ঞাসা করে নাই। বিবাহ মজলিসে তিনি "হুঁ" "হাঁ" কিছুই বলেন নাই; জবরদস্তী তাঁহার শাদী দেওয়া হইয়াছে। সুতরাং তাঁহার "সব বাচ্চে হারামজাদে!"

অবরোধ বাসিনী – ৩৫

[৩৫]

মরহুম মৌলবী নজীর আহমদ খাঁ বাহাদুরের প্রসিদ্ধ গ্রন্থে লিখিত দিল্লী গদরের সময় অবরোধ-বন্দিনী মহিলাদের দুর্দ্দশার বর্ণনা হইতে অংশবিশেষের অনুবাদ এইঃ

রাত্রি ১০টার সময় আমার ভাইজানকে কাপ্তেন সাহেবের প্রেরিত লোকটী বলিল যে, আমরা রাত্রি ২টার সময় বিদ্রোহীদের আক্রমণ করিব। আপনাদের বাড়ীর নিকটেই তোপ লাগান হইয়াছে। অতএব আপনারা আক্রমণের পূর্ব্বেই প্রাণ লইয়া পলায়ন করুন। এ সংবাদ শুনিবামাত্র আমাদের আত্মা শুকাইয়া গেল। কিন্তু কোন উপায় ছিল না!

শেষে আমরা পদব্রজে যাত্রা করিতে বাধ্য হইলাম। সে দিনের দুঃখের কথা মনে হইলে এখনও মনে দুঃখ হয়, হাসিও পায়। এক কর্ত্রী সাহেবা সমস্ত ধন-দৌলত ছাড়িয়া পানদান সঙ্গে লইয়া চলিলেন। হতভাগীদের মোটেই হাঁটিবার অভ্যাস নাই-এখন প্রাণের দায়ে হাঁটিতে গিয়া কাহারও জুতা খসিয়া রহিয়া গেল, কাহাও ইজারবন্দ পায়ে জড়াইয়া গেল; সে দিন যাঁর পায়জামার পাঁয়চা যত বড় ছিল, তাঁহারই হাঁটিতে তত অধিক কষ্ট হইতেছিল। ভাইজান সে সময় তিক্তবিরক্ত হইয়া তাঁহাদের বলিতেছিলেন, "কমবখতিরা আরও দুই থান নয়নসুখের পায়জামা বানাও। লাহোরের রেশমী ইজারবন্দ আরও জরির ঝালর লাগাইয়া লম্বা কর।"

বেচারীরা বাজারের পথে চলিলেন; ভাগ্যে রাত্রি ছিল, -তাই রক্ষা! অর্থাৎ আমাদের তৎকালীন দুর্গতি দেখিবার জন্য লোকের ভিড় হয় নাই। আহা রে! সকলের পা ফুলিয়া ভারী হইল যে এক মণ,-দুই পা চলেন আর হোঁচট খান; বারবার পড়েন। একজন পথে বসিয়া একেবারে এলাইয়া পড়িলেন যে আর তিনি হাঁটিতে পারিবেন না। কেবল পায় ব্যথা নয়, আমাদের সর্ব্বাঙ্গে বেদনা হইয়া গেল। বেচারী বিবিদের লাঞ্ছনার অবধি ছিল না।

কিছুদূর যাইয়া দেখি, হাজার হাজার গোরা আর শিখ সৈন্য সারি বাঁধিয়া চলিয়া আসিতেছে। তাহা দেখিবামাত্র ভয়ে আমাদের প্রাণ উড়িয়া গেল। আরও চলৎশক্তি-বিহীন হইয়া পড়িলাম।

অবশেষে বহু কষ্টে কিছু দূর গিয়া ভাইজান চারটা গাধা সংগ্রহ করিলেন। শেষে গাধায় উঠিয়া বিবিরা রক্ষা পাইলেন।

অবরোধ বাসিনী – ৩৬

[৩৬]

শীতকাল। মাঘ মাসের শীত। সেই সময় কোথা হইতে এক ভালুকের নাচওয়ালা গ্রামে আসিল। গ্রামে কোন নূতন কিছু আসিলে প্রথমে তাহাকে জমীদার বাড়ীতে হাজিরা দিতে হয়। তদনুসারে ভালুকওয়ালা জমীদার বাড়ীতেই অতিথি হইয়াছে। প্রশস্ত দালানের উত্তর দিকের মাঠে প্রত্যহ ভালুকের নাচ হয়,–গ্রামশুদ্ধ লোকে আসিয়া নাচ দেখে! কিন্তু বাড়ীর বউ ঝি সে নাচ দেখা হইতে বঞ্চিতা।

ছোট ছেলেরা এবং বুড়ী চাকরাণীকে আসিয়া গিন্নীদের নিকট গল্প করে।– ভালুকে খেমটা নাচ নাচে; থমকা নাচ নাচে। এমন করিয়া ভালুকওয়ালার সঙ্গে কুস্তি লড়ে; এমন করিয়া পাছাড় ধরে।–ইত্যাদি। এই সব গল্প শুনিয়া শুনিয়া কর্তার দুইজন অল্পবয়স্কা পুত্রবধূর সাধ হইল যে একটু নাচ দেখিলেন। বেশী দূর যাইতে হইবে না, ছোট বউবিবির কামরার উত্তর দিকের জানালার ঝরোকা (খড়খড়ির পাখী) একটু তুলিলেই সুস্পষ্ট দেখা যায়।

যেই বধূদ্বয় ঝরোকা তুলিয়াছেন, অমনি তাঁহাদের চারি বৎসর বয়স্কা ননদ জোহরা দৌড়াইয়া আসিয়া বলিল যে, সেও দেখিবে। একজন তাহাকে কোলে তুলিয়া দেখাইতে লাগিলেন। জোহরা কখনও বাড়ীর উঠানে নামিয়া কুকুর বিড়াল পর্য্যন্ত দেখে নাই,–এখন দেখিল একেবারে ভালুক! ভালুক কুস্তি লড়িতেছিল, তাহা দেখিয়া জোহরা চীৎকার করিয়া অজ্ঞান হইয়া পড়িল! ভালুকের নাচ দেখা মাথায় থাকুক–এখন জোহরাকে লইয়া তাঁহারা ব্যস্ত হইয়া পড়িলেন।

জোহরা সজ্ঞান হইয়া বটে কিন্তু তাহার ভয় গেল না। রাত্রিকালে হঠাৎ চীৎকার করিয়া জাগিয়া উঠিয়া ভয়ে থরথর কাঁপে। অবস্থা সঙ্কটাপন্ন সুদূর সদর জেলা হইতে বহু অর্থ ব্যয়ে ডাক্তার থাকিতে হইল। ডাক্তার সাহেব সকল অবস্থা শুনিয়া জিজ্ঞাসা করিলেন, শিশু কোন প্রকারে ভয় পাইয়াছিল না কি? কথা গোপন থাকে না, জানা গেল ভালুকের নাচ দেখিয়া ভয় পাইয়াছিল।

এদিকে কর্তা সন্ধান লইতে লাগিলেন, জোহরাকে-নাচ দেখাইল কে। খেলাই আল্লা প্রভৃতি সকলে একবাক্যে অস্বীকার করিল যে তাহারা সাহেবজাদীকে ভালুকের নাচ দেখায় নাই। অবশেষে জানা গেল, বউ বিবিরা দেখাইয়াছেন। তখন তাঁহার ক্রোধ চরমে উঠিল। জোহরা মরে মরুক, তাহাতে কর্তার তত আপত্তি নাই; কিন্তু এই যে বাড়ীময় রাষ্ট্র হইল যে, তাঁহার পুত্রবধূগণ বেগানা মরদের তামাসা দেখিতে গিয়াছিলেন, তিনি এ লজ্জা রাখিবেন কোথায়? ছি! ছি! ভিন্ন ধর্ম্মাবলম্বী সিভিল সার্জ্জন ডাক্তারও শুনিয়া মৃদু হাসিলেন যে বউয়েরা ভালুকের নাচ দেখিতে গিয়াছিলেন।

লাজে খেদে ক্রোধে অধীর হইয়া কর্তা বধূদের তলব দিলেন। মাথায় একহাত ঘোমটা টানিয়া শ্বশুরের সম্মুখে দাঁড়াইয়া বধূদ্বয় লজ্জায় অভিমানে থরথর কাঁপিতেছিলেন; (সেই মাঘ মাসের শীতও) ঘামিতেছিলেন আর পদতলস্থিত পাথরের মেঝেকে হয়ত বলিতেছিলেনঃ

"ওমা বসুন্ধরা! বিদর গো ত্বরা-
তোমাতে বিলীন হই!"

তাই ত, পর্দ্দানশীনদের ধরাপৃষ্ঠে থাকিবার প্রয়োজন কি? দন্ত কড়মড় করিয়া,- "বউমা'রা শুন ত-" বলিয়াই অতি ক্রোধে কর্তার বাক্‌রোধ হইল। তখন তাঁহার "গোস্বায় অজুদ কাঁপে, আঁখি হইল লাল"-তিনি বউমাদের বিনা লুণে চিবাইয়াত খাইবেন, না, আস্ত গিলিবেন, তাহা ঠিক করিতে পারিতেছিলেন না!

অবরোধ বাসিনী – ৩৭

[৩৭]

একবার পশ্চিম দেশ হইতে ট্রেণ হাবড়ায় আসিবার সময় পথে বালী ষ্টেশনে তিনজন বোরকাধারিণী লোক স্ত্রীলোকদের কক্ষে উঠিল। কক্ষে আরও অনেক মুসলমান স্ত্রীলোক ছিল। ট্রেণ ছাড়িলে পরও তাহারা সবিস্ময়ে দেখিতে লাগিল যে নবাগতা তিনজন বোরকার নেকাব (মুখাবরণ) তুলিল না। তখন তাহাদের মনে সন্দেহ হইল যে ইহারা নাকি জানি কি করিবে। আর তাহারা লম্বাও খুব ছিল। খোদা খোদা করিয়া লিলুয়া ষ্টেশনে ট্রেণ থামিলে যখন মেয়ে টিকেট কালেকটার তাহাদের কামরায় আসিলেন, তখন সকলেই তাঁহাকে ঐ বোরকাধারিণীদের বিষয় বলিল। টিকেট কালেকটার তাহাদের দিকে অগ্রসর হইতে না হইতে তাহাদের একজন ষ্টেশনের বিপরীত দিকে ট্রেণের জানালা দিয়া লাফাইয়া পলাইয়া গেল; তিনি "পুলিশ–পুলিশ" বলিয়া চেঁচাইতে চেঁচাইতে একজনকে ধরিয়া নেকাব তুলিয়া, দেখেন,-তাহার মুখে ইয়া দাড়ী,-ইয়া গোঁফ! তিনি ব্যস্ত হইয়া বলিলেন, "কি আশ্চর্য্য! বোরকার ভিতর দাড়ী গোঁফ!"

অবরোধ বাসিনী – ৩৮

[৩৮]

আমার পরিচিতা জৈনকা শি-ডাক্তার মিস শরৎকুমারী মিত্র বলিয়াছেন, "বাবা! আপনাদের-মুসলমানদের বাড়ী গেলে আমাদের যা নাকাল হতে হয়! না পাওয়া যায় সময়মত একটু গরম জল; না পাওয়া যায় একখণ্ড ন্যাকড়া!"

একবার তাঁহাকে বহুদূর হইতে একজন ডাকিতে আসিয়া জানাইল যে বউবেগমের দাঁতে ব্যথা হইয়াছে। তিনি যথাসম্ভব দাঁতের ঔষধ এবং প্রয়োজন বোধ করিলে দাঁত তুলিয়া ফেলিবার জন্য যন্ত্রপাতি সঙ্গে লইয়া গিয়াছেন। সেখানে দিয়া দেখেন, দাঁতে বেদনা নহে,-প্রসব বেদনা! তিনি এখন কি করেন? ভাগলপুর শহর হইতে জমগাঁও চারি ক্রোশ পথ। এত দূর হইতে আবার সেই একই ঘোড়ার গাড়ীতে ফিরিয়া যাওয়াও অসম্ভব; কারণ ঘোড়া কান্ত হইয়াছে। জমগাঁও শহরতলী,-পাড়া গ্রামের মত স্থান, সেখানে ঘোড়ার গাড়ী কিম্বা পাল্কী পাওয়া যায় না।

কোন প্রকারে ভাগলপুরে ফিরিয়া আসিয়া তৎকালীন উপযোগী যন্ত্রপাতি লইয়া পুনরায় জমগাঁও যাইতে যাইতে রোগিনীর দফা শেষ হওয়ার সম্ভাবনা। মিস মিত্র সে বাড়ীর কর্ত্রীকে জিজ্ঞাসা করিলেন যে এরূপ মিথ্যা কথা বলিয়া তাঁহাকে অনর্থক ডাকা হইল কেন? উত্তরে কর্ত্রী বলিলেন, "পুরুষ চাকরের দ্বারা ডাক্তারনীকে ডাকিতে হইল, সুতরাং তাহাকে দাঁতে ব্যথা না বলিয়া আর কি বলিতাম? তোবা ছিয়া! মর্দ্দুয়াকে ও কথা বলিতাম কি করিয়া? আপনি কেমন ডাক্তারণী যে, লোকের কথা বুঝেন না?"

অবরোধ বাসিনী – ৩৯

[৩৯]

সমাজ আমাদিগকে কেবল অবরোধ-কারাগারে বন্ধ করিয়াই ক্ষান্ত হয় নাই। হজরতা আয়শা সিদ্দিকা নাকি ৯ বৎসর বয়সে বয়োপ্রাপ্ত হইয়াছিলেন; সেই জন্য সম্ভ্রান্ত মুসলমানের ঘরের বালিকার বয়স আট বৎসর পার হইলেই তাহাদের উচ্চহাস্য করা নিষেধ, উচ্চৈঃস্বরে কথা বলা নিষেধ, দৌড়ান লাফান ইত্যাদি সবই নিষেধ। এক কথায়, তাহার ন্ড়াচড়াও নিষেধ। সে গৃহকোণে মাথা গুঁজিয়া বসিয়া কেবল সূচি-কর্ম্ম করিতে থাকিবে,-নড়িবে না। এমনকি দ্রুতগতি হাঁটিবেও না।

কোন এক সম্ভ্রান্ত ঘরের একটি আট বৎসরের বালিকা একদিন উঠানে আসিয়া দেখিল, রান্নাঘরের চালে ঠেকান ছোট মই আছে। তাহেরা (সেই বালিকা)র মনে কি হইল, সে অন্যমনস্কভাবে ঐ মইয়ের দুই ধাপ উঠিল। ঠিক সেই সময় তাহার পিতা সেখানে আসিয়া উপস্থিত হইলেন। তিনি কন্যাকে মইয়ের উপর দেখিয়া দিগ্বিদিক জ্ঞানশূন্য হইয়া তাহার হাত ধরিয়া এক হেঁচকা টানে নামাইয়া দিলেন।

তাহেরা পিতার অতি আদরের একমাত্র কন্যা,-পিতার আদর ব্যতীত অনাদর কখনও লাভ করে নাই; কখনও পিতার অপ্রসন্ন মুখ দেখে নাই। অদ্য পিতার রুদ্রমূর্তি দেখিয়া ও রূঢ় হেঁচকা টানে সে এত অধিক ভয় পাইল যে কাঁপিতে কাঁপিতে বে-সামাল হইয়া কাপড় নষ্ট করিয়া ফেলিল!

অ-বেলায় স্নান করাইয়া দেওয়া হইল বলিয়া এবং অত্যধিক ভয়ে বিহ্বল হইয়াছিল বলিয়া সেই রাত্রে তাহেরার জ্বর হইল। একে বড় ঘরের মেয়ে, তায় আবার অতি আদরের মেয়ে, সুতরাং চিকিৎসার ক্রটি হয় নাই। সুদূর সদর জেলা হইতে সিভিল সার্জন ডাক্তার আনা হইল। সেকালে (অর্থাৎ ৪০/৫০ বৎসর পূর্ব্বে) ডাক্তার ডাকা সহজ ব্যাপার ছিল না।

ডাক্তার সাহেবের চতুর্গুণ দর্শনী, পাল্কী ভাড়া, তদুপরি বত্রিশজন বেহারার সিধা ও পান তামাক যোগান-সে এক বিরাট ব্যাপার।

এত যত্ন সত্ত্বেও তৃতীয় দিনেও তাহেরার জ্বর ত্যাগ হইল না। ডাক্তার সাহেব বে-গতিক দেখিয়া বিদায় হইলেন। পিতার রূঢ় ব্যবহারের নিষ্ঠুর প্রত্যুত্তর দিয়া তাহেরা চিরমুক্তি লাভ করিল! (ইন্নালিল্লাহে ওয়াইন্না ইলায়হে রাজেউন)।

অবরোধ বাসিনী – ৪০

[৪০]

এক ধনীগৃহে কন্যার বিবাহ উপলক্ষ হইতেছিল। বাড়ী ভরা আত্মীয়া কুটুম্বিনীর হউগোল-কিছুরই অভাব নাই। নবাগতাদিগের জন্য অনেক নূতন চালাঘর তোলা হইয়াছে। একদিন ভরা সন্ধ্যায় কি করিয়া একটা নূতন খড়ের ঘরে আগুন লাগিল। শোরগোল শুনিয়া বাহির হইতে চাকরবাকর, লোকজন আসিয়া দেউড়ীর ঘরে অপো করিতে লাগিল, আর বারম্বার হাঁকিয়া জিজ্ঞাসা করিতে লাগিল, পর্দ্দা হইয়াছে কিনা,-তাহারা অন্দরে আসিতে পারে কিনা? কিন্তু অন্তঃপুর হইতে কে উওর দিবে? আগুন দেখিয়া সকলেরই ভ্যাবা-চেকা লাগিয়া গিয়াছে। এদিকে আগুন-লাগা ঘরের ভিতর বিবিরা বসিয়া বলাবলি করিতেছেন যে প্রাঙ্গণে পর্দ্দা আছে কিনা,-কোন ব্যাটাছেলে থাকিলে তাঁহারা বাহির হইবেন কি করিয়া?

অবশেষে এক বুড়ো বিবি ভয়ে জ্ঞানহারা হইয়া উচ্চৈঃস্বরে বলিলেন, "আরে ব্যাটারা! আগুন নিবাতে আয় না! এ সময়ও জিজ্ঞাসা করিস পর্দ্দা আছে কিনা?"

তখন সকলে ঊর্দ্ধশ্বাসে দৌড়াইয়া আগুন নিবাইতে আসিল। কিন্তু আগুন-লাগা ঘরের বিবিরা বাহিরে যাইতে গিয়া যেই দেখিলেন, প্রাঙ্গণ পুরুষ মানুষে ভরা, অমনি তাঁহারা পুনরায় ঘরে গিয়া ঝাঁপের অন্তরালে লুকাইলেন। সৌভাগ্যবশতঃ গোটাকয়েক সাহসী তরুণ বিবিদের টানাহেঁচড়া করিয়া বাহিরে লইয়া আসিল। নচেৎ সেইখানে পুড়িয়া পসেন্দা কাবাব হইতেন!!

অবরোধ বাসিনী – ৪১

[৪১]

রায় শ্রীযুক্ত জলধর সেন বাহাদুর গত ১৩৩৫ সনে লিখিয়াছেনঃ

সেকালের পর্দ্দা–আমি যে সময়কে সেকাল বলছি, তা সত্য-ক্রেতা-দ্বাপর যুগ নয় কিন্তু–সে আমাদের যৌবনকালের কথা–এই পঞ্চাশ বৎসর পূর্ব্বের কথা। সে সময় আমরা পর্দ্দার যে রকম কঠোর, তথা হাস্যকর ব্যবস্থা দেখিয়াছিলাম, সে সকল দৃশ্য এখনও আমার চরে সম্মুখে ছবির মত জেগে আছে। তারই গুটিকয়েক দৃশ্যের সামান্য বর্ণনা দিতে চেষ্টা করিব।

সেই সময় একদিন কি জন্য যেন হাবড়া ষ্টেশনে গিয়াছিলাম। আমি তখন কলেজে পড়ি। ষ্টেশনের প্ল্যাটফরমে গিয়া দেখি কয়েকজন বরকন্দাজ যাত্রীর ভিড় সরিয়ে পথ করছে। এগতে সাহস হোল না; হয়ত কোন রাজা মহারাজা গাড়ীতে উঠবেন, তারই জন্য তার সৈন্য সামন্তেরা নিরীহ যাত্রীদের ধাক্কা দিয়ে সরিয়ে দিচ্ছে। এই ভেবে রাজা-মহারাজার আগমন প্রতীক্ষায় একটু দূরে দাঁড়িয়ে রইলাম।

তিন চার মিনিট হয়ে গেল, রাজা মহারাজা আর আসেন না। শেষে দেখি কিনা–একটা মশারি আসছেন। মশারির চার কোণা চারজন সিপাহী ধ'রে ধীরে ধীরে এগিয়ে আসছেন। আমি ত এ দৃ দেখে অবাক-এ ব্যাপার ত পূর্ব্বে কখনও দেখি নাই। আমার পাশেই এক ভদ্রলোক দাঁড়িয়েছিলেন। তাঁকে জিজ্ঞাসা করলাম, "এমন করে একটা মশারি যাচ্ছেন কেন?" তিনি একটু হেসে বললেন, "আপনি বুঝি কখন মশারির যাত্রা দেখেন নাই? দেখছেন না কত সিপাহী-সান্ত্রী যাচ্ছে। বিহার অঞ্চলের কোন এক রাজা না জমীদারের গৃহিনী ঐ মশারির মধ্যে আবরু রা করে গাড়ীতে উঠতে যাচ্ছেন। বড় মানুষের বৌ কি আপনার আমার সুমুখ আর দশজনের মত যেতে পারেন; তাঁরা যে অসূর্য্যস্পশ্যা।" এই বলেই ভদ্রলোকটি হাসতে লাগলেন। আমি এই পর্দ্দার বহর দেখে হাস্য সংবরণ করতে লাগলাম না। হাঁ, এরই নাম পর্দ্দা বটে–একেবারে মশারি যাত্রা।

আর একবার কি একটা যোগ উপলক্ষে গঙ্গা-স্নানের ব্যবস্থা ছিল। লোক-সমারোহ দেখবার জন্য এবং এ বৃদ্ধ বয়সে ব'লেই ফেলি, গঙ্গাস্নান করে পাপ মোচনের জন্যও বটে, বড়বাজারে আদ্য-শ্রাদ্ধের ঘাটে গিয়াছিলাম। তখন শীতকাল, স্নানের সময় অপরাহ্ণে পাঁচটা।

ঘাটে দাঁড়িয়ে লোক সমারোহ দেখছি, আর ভাবছি এই দারুণ শীতের মধ্যে কেমন করে গঙ্গাস্নান ক'রব। এমন সময় দেখি ঘেরাটোপ আগাগোড়া আবৃত একখানি পাল্কী ঘাটে এল। পাল্কীর চার কোণ ধ'রে চারজন আরদালী, আর পাল্কীর দুই দুয়ার বরাবর দুইটি দাসী। বুঝতে বাকী রহিল না যে কোন ধনাঢ্য ব্যক্তির গৃহিণী, বা কন্যা, বা পুত্রবধূ স্নান করতে এলেন। বড় মানুষের বাড়ীর মেয়েরা এমন আড়ম্বর ক'রে এসেই থাকেন, তাতে আশ্চর্য্যের কথা কিছুই নেই।

কিন্তু তারপর যা দেখলাম, সে হাস্যরসের এবং করুণ-রসের একেবারে চূড়ান্ত। আমি মনে করেছিলাম গঙ্গার জলের কিনারে পাল্কী নামানো হবে এবং আরোহিণীরা অবতরণ করে গঙ্গাস্নান করে আসবেন। কিন্তু, আমার সে কল্পনা আকাশেই থেকে গেল। দেখলাম বেহারা মায় আরদালী দাসী দুইটি-পাল্কী নিয়ে জলের মধ্যে নেমে গেল। যেখানে গিয়ে পাল্কী থামলো, সেখানে বোধ হয় বুক-সমান জল। বেহারারা তখন পাল্কীখানিকে একেবারে জলে ডুবিয়ে তৎক্ষণাৎ উপরে তুললো। এবং তারপরেই পাল্কী নিয়ে তীরে উঠে এসে, যেভাবে আগমন, সেইভাবেই প্রতিগমন। আমার হাসি এলো পাল্কীর গঙ্গাস্নান দেখে; আর মনে কষ্ট হ'তে লাগল, পাল্কীর মধ্যে যাঁরা ছিলেন, তাঁদের অবস্থা স্মরণ করে। এই শীতের সন্ধ্যায় পাল্কীর মধ্যে মা-লক্ষ্মীরা ভিজে কাপড়ে হি-হি করে কাঁপছেন। এদিকে তাঁদের স্নান যা হোলো, তা তো দেখতেই পেলাম। এর নাম পর্দ্দা!

সেন মহাশয় পাল্কীর "গঙ্গাস্নান" দেখিয়া হাসিয়াছেন। আমরা শৈশবে চিলমারীর ঘাটে 'পাল্কীর ব্রপুত্রনদের স্নান' শুনিয়া হাসিয়াছি। পরে ভাগলপুরে গিয়া পাল্কীর রেল ভ্রমণের বিষয় শুনিয়াছি।

একবার একটি ত্রয়োদশ বর্ষীয়া নব-বিবাহিতা বালিকার শ্বশুর-বাড়ী যাত্রা স্বচক্ষে দেখিয়াছি; তাহা বেশ স্পষ্ট মনে আছে। ভাগলপুর প্রভৃতি স্থানে জুন মাসে রৌদ্র কিরূপ প্রখর হয়, তা সকলেই জানেন।

জুন মাসে দিবা ৮ ঘটিকার সময় সে বালিকা নববধূকে মোটা বেনারসী শাড়ী পরিয়া মাথায় আধ হাত ঘোমটা টানিয়া পাল্কীকে উঠিতে হইল। সেই ঘোমটার উপর আবার একটা ভারী ফুলের "সেহরা" তাহার কপালে বাঁধিয়া দেওয়া হইল। পরে পাল্কীর দ্বার বন্ধ করিয়া জরির কাজ করা লাল বানাতের ঘেরাটোপ দ্বারা পাল্কী ঢাকা হইল। সেই পাল্কী ট্রেনের ব্রেকভ্যানের খোলা গাড়ীতে তুলিয়া দেওয়া হইল। এই অবস্থায় দগ্ধ ও সিদ্ধ হইতে হইতে বালিকা চলিল, তাহার শ্বশুর-বাড়ী-যশিদী!!

অবরোধ বাসিনী – ৪২

[৪২]

দিন (৭ই জুলাই ১৯৩১ সাল) জনৈকা মহিলা নিম্নলিখিত ঘটনা দুইটি বলিলেনঃ

বহুবর্ষ পূর্ব্বে তাঁহার সম্পর্কের এক নানিজান পশ্চিম দেশে বেড়াইতে গিয়া ফিরিয়া আসিলেন। তিনি যথাসময়ে টেলিগ্রাফ যোগে তাঁহার কলিকাতায় পৌঁছিবার সময় জানাইয়াছিলেন। কিন্তু সেদিন তুফানে সমস্ত টেলিগ্রাফের তার ছিঁড়িয়া গিয়াছিল এবং কলিকাতার রাস্তায় সাঁতার-জল ছিল। সুতরাং এখানে কেহ নানিজানের টেলিগ্রাফ পায় নাই এবং হাবড়া ষ্টেশনে পাল্কী লইয়া কেহ তাঁহাকে আনিতেও যায় নাই।

এদিকে যথাসময়ে নানিজানের রিজার্ভ-করা গাড়ী হাবড়ায় পৌঁছিল; সকলে নামিলেন জিনিষপত্রও নামান হইল কিন্তু পাল্কী না থাকায় নানিজান বোরকা পরিয়া থাকা সত্ত্বেও কিছুতেই নামিতে সম্মত হইলেন না। অনেকক্ষণ সাধ্য-সাধনের পর নানাসাহেব ভারী বিরক্ত হইয়া বলিলেন, "তবে তুমি এই ট্রেনেই থাক, আমরা চলিলাম।" বেগতিক দেখিয়া নানিজান মিনতি করিয়া বলিলেন, "আমি এক উপায় বলিয়া দিই, আপনারা আমাকে সেইরূপে নামান।" উপায়টী এই যে, তাঁহার সর্ব্বাঙ্গে অনেক কাপড় জড়াইয়া তাঁহাকে একটা বড় গাঁটরীর মত করিয়া বাঁধিয়া তিন চারি জনে সেই গাঁটরী ধরাধরি করিয়া টানিয়া ট্রেণ হইতে নামাইল। অতঃপর তদবস্থায় তাঁহাকে ঘোড়ার গাড়ীতে তুলিয়া দেওয়া হইল।

অবরোধ বাসিনী – ৪৩

[৪৩]

এক বোরকাধারিণী বিবি হাতে একটা ব্যাগ সহ ট্রেণ হইতে নামিয়াছেন। তাঁহাকে অন্যান্য আসবাব সহ এক জায়গায় দাঁড় করাইয়া তাঁহার স্বামী কার্য্যান্তরে গেলেন। কোন কারণবশতঃ তাঁহার ফিরিয়া আসিতে কিছু বিলম্ব হইল। এদিকে বিবি সাহেবা দাঁড়াইয়া অশ্রু বর্ষণ করিতে লাগিলেন। তাঁহার অস্ফুট ক্রন্দনধ্বনি শুনিয়া এবং শরীরের কম্পন দেখিয়া ক্রমে লোকের ভীড় হইল। লোকেরা দয়া করিয়া জিজ্ঞাসা করিল, "আপনার সঙ্গের লোকের নাম বলুন ত, আমরা তাঁহাকে ডাকিয়া আনি।" তিনি একবার আকাশে সূর্য্যের দিকে ইসারা করেন আর একবার হাতের ব্যাগ তুলিয়া দেখান। ইহাতে উপস্থিত লোকেরা কিছু বুঝিতে না পারিয়া হাসিতে হউগোল বাধাইয়া দিল।

কিছুণ পরে এক ব্যক্তি হাঁফাইতে সেখানে দৌড়াইয়া আসিয়া জিজ্ঞাসা করিলেন, "কি হইয়াছে? ভীড় কেন?" ঘটনা শুনিয়া তিনি হাসিয়া বলিলেন, "আমার নাম 'আফতাব বেগ', তাই আমার বিবি সূর্য্যের দিকে ইসারা করিয়া দেন আর হাতের বেগ (ব্যাগ) দেখাইয়াছেন।"

অবরোধ বাসিনী – ৪৪

[৪৪]

জনাব শরফুদ্দীন আহমদ বি· এ· (আলীগড়) আজিমাবাদী নিম্নলিখিত ঘটনাত্রয় কোন উর্দু কাগজে লিখিয়াছেন। আমি তাহা অনুবাদ করিবার লোভ সম্বরণ করিতে পারিলাম না। যথাঃ

গত বৎসর পর্য্যন্ত আমি আলীগড়ে ছিলাম। যেহেতু সেখানকার ষ্টেশন একরূপ জাঁকজমকে ই· আই· আর· লাইনে অদ্বিতীয় বোধ হয়, সেই জন্য আমি প্রত্যহই পদব্রজে ভ্রমণের সময় ষ্টেশনে যাইতাম। সেখানে অন্যান্য তামাসার মধ্যে অনেকগুলি ১৩শ শতাব্দীর বোরকা আমার দৃষ্টিগোচর হইয়াছিল। আর খোদা মিথ্যা না বলান, প্রত্যেক বোরকাই কোন না কোন প্রকার কৌতুকাবহ ছিল। তন্মধ্যে মাত্র তিনটী ঘটনা এখানে বিবৃত হইল।

প্রথম ঘটনা এই যে, একদিন আমি আলীগড় ষ্টেশনে প্লাট-ফরমে পায়চারি করিতেছিলাম, সহসা পশ্চাৎদিক হইতে আমার গায়ে ধাক্কা লাগিল। মুখ ফিরাইয়া দেখিলাম যে, এক বোরকাধারিণী বিবি দাঁড়াইয়া আছেন; আর আমাকে শাসাইয়া বলিতে লাগিলেন, "মিয়া দেখে চলেন না?" তাঁহার কথায় আমার প্রবল হাসি পাইল, কারণ তিনি ত আমার পশ্চাতে ছিলেন, সুতরাং দেখিয়া চলা না চলার দায়িত্ব কাহার, তাহা সহজেই অনুমেয়। আমি তাঁহাকে কেবল এইটুকু বলিলাম, "আপনি মেহেরবানী করিয়া বোরকার জাল চক্ষের সম্মুখে ঠিক করিয়া নিন" এবং হাসিতে হাসিতে অন্যত্র চলিলাম।

অবরোধ বাসিনী – ৪৫

[৪৫]

দ্বিতীয় ঘটনা এই যে, একদিন আবার আমি কতিপয় বন্ধুর সহিত আলীগড় ষ্টেশনে তামাসা দেখায় মশগুল ছিলাম। এমন সময় আমাদের সন্নিকটে একটি শিশুর কান্নার শব্দ শুনিতে পাইলাম। আমরা চারিদিকে চাহিয়া দেখিলাম–কিছুই দেখিতে পাইলাম না। আবার কিছুণ পরে শুনিলাম, কোন শিশু আমাদের অতি নিকটে চেঁচাইতেছে, কিন্তু এদিক সেদিক দেখিয়া কিছুই ঠিক করিতে পারিলাম না। আমার বন্ধুরা কিছু বুঝিতে পারিলেন না; কিন্তু যেহেতু বোরকা সম্বন্ধে আমার যথেষ্ট অভিজ্ঞতা আছে, তাই আমি অনুসন্ধানে প্রবৃত হইলাম। শেষে দেখি কি, এক বোরকাধারিণী বিবি যাইতেছেন, তাঁহারই বোরকা ভিতর হইতে শিশুর রোদনের শব্দ আসিতেছে!

ঘটনা ছিল এই যে বিবি সাহেবা শিশুকে বোরকা ভিতর লুকাইয়া রাখিয়াছিলেন; সে গরমে অস্থির হইয়া চীৎকার করিতেছিল! তাই কেহ শিশুকে দেখিতে পায় নাই, কেবল কান্না শুনিতে পাওয়া যাইতেছিল। আমি বন্ধুদের ঐ তামাসা দেখাইয়া দিলাম। আর হাসিতে হাসিতে আমাদের যে কি দশা হইল, তাহা আর কি বলিব?

অবরোধ বাসিনী – ৪৬

[৪৬]

আমি পূর্ব্বের ন্যায় আবার একদা আলীগড় ষ্টেশনের প্ল্যাটফরমে পায়চারি করিতেছিলাম। সম্মুখে এক "সফেদ গোল" (শাদা দল) আসিতে দেখিলাম। নিকটে আসিলে দেখিলাম আগে আগে এক প্রবীণ ভদ্রলোক এক হাতে পানদান অপর হাতে পাখা লইয়া আসিতেছেন; তাঁহার পশ্চাতে কয়েকটী বোরকাধারিণী পরস্পরে জড়াজড়ি করিয়া মিলিত হইয়া আসিতেছেন। এই কাফেলাটী অধিক দূরে না যাইতেই এক মাল-ঠেলা গাড়ীর সম্মুখীন হইল। উহার সহিত টক্কর থাইয়া এক বিবি যেই পড়িলেন, অমনি সমস্ত পার্টি তাঁহার সহিত গড়াইল।

সন্ধ্যার সময়, গাড়ী আসিতেছিল, যাত্রীদের হাঙ্গামা ছিল–এমত স্থলে প্ল্যাটফরমের উপর ঐরূপ আশ্চর্য্য জিনিষ পড়িয়া থাকিতে দেখিলে কে না অগ্রসর হইয়া দেখিবে? অতি শীঘ্র বেশ একটা ভীড় জমা হইল। প্রত্যেকেই ভূপতিতাদের সাহায্য করিতে ইচ্ছুক ছিল; কিন্তু স্ত্রীলোককে স্পর্শ করিবে কে? সঙ্গের বৃদ্ধ ভদ্রলোকটীর জন্য আরও দুঃখ হইতেছিল; বেচারা একা, আর এই বিপদ! শেষে আমি বলিলাম, "হযরত! আপনিই উহাদের তুলুন না; দেখুন তো বিবিদের কোথাও আঘাত লাগে নাই ত?"

বেচারা যখন তাঁহাদের তুলিতে লাগিলেন, আমি দেখিলাম যে বিবিরা আপন আপন বোরকা পরস্পরের বোরকা সহিত বাঁধিয়া লইয়াছিলেন এবং অগ্রবর্তিনীর বোরকার দামন ধরিয়া সকলেই চক্ষু বুজিয়া চলিতেছিলেন। এখন আমার সম্মুখে এই সমস্যা ছিল যে অগ্রবর্তিনী বিবি এই মাল-ঠেলা গাড়ী দেখিলেন না কেন, যে এ বিপদের সম্মুখীন হইতে হইল? আমি তাঁহার বোরকার দিকে দৃষ্টিপাত করিয়া দেখিলাম যে তাঁহার বোরকার জাল যাহা চক্ষের সম্মুখে থাকা চাই, তাহা মাথার উপর পিছন সরিয়া গিয়াছে। ইহাতে স্পষ্টতই প্রতীয়মান হইল যে বিবি সাহেবা কেবল আন্দাজে হাঁটিয়া আসিতেছিলেন।

এখন অবস্থা এই হইয়া দাঁড়াইল যে বেচারা "বড়ে মিয়াঁ" একজনকে উঠাইতে গেলে অপর সকলের উপর টান পড়ে–সুতরাং প্রথম বিবি আবার সেই টানে

“বড়ে মিয়াঁর” হাত ছাড়া হইয়া যান। এইরূপে অনেক টানাহেঁচড়ার পরে বিবিরা উঠিয়া দাঁড়াইতে পারিলেন।

অবরোধ বাসিনী – ৪৭

[৪৭]

কবির ভাষায় বলিতে ইচ্ছা করেঃ

"কাব্য উপন্যাস নহে, এ মম জীবন,
নাট্যশালা নহে, ইহা প্রকৃত ভবন!"

প্রায় তিন বৎসরের ঘটনা, আমাদের প্রথম মোটর বাস প্রস্তুত হইল। পূর্ব্বদিন আমাদের স্কুলের জনৈকা শিয়িত্রী, মেম সাহেবা মিস্ত্রীখানায় গিয়া বাস দেখিয়া আসিয়া সংবাদ দিলেন যে, মোটর ভয়ানক অন্ধকার…"না বাবা! আমি কখনও মোটরে যা'ব না।" বাস আসিয়া পৌঁছিলে দেখা গেল,-বাসের পশ্চাতের দ্বারের উপর সামান্য একটু জাল আছে এবং সম্মুখ দিকে ও উপরে একটু জাল আছে। এই তিন ইঞ্চি চওড়া ও দেড় ফুট লম্বা জাল দুই টুকরা না থাকিলে বাসখানাকে সম্পূর্ণ "এয়ার টাইট" বলা যাইতে পারিত।

প্রথম দিন ছাত্রীদের নূতন মোটরে বাড়ী পৌঁছান হইল। চাকরাণী ফিরিয়া আসিয়া সংবাদ দিল-গাড়ী বড্ড গরম হয়,-মেয়েরা বাড়ী যাইবার পথে অস্থির হইয়াছিল। কেহ কেহ বমি করিয়াছিল। ছোট মেয়েরা অন্ধকারে ভয় পাইয়া কাঁদিয়াছিল।

দ্বিতীয় দিন ছাত্রী আনাইবার জন্য মোটর পাঠাইবার সময় উপরোক্ত মেম সাহেবা মোটরের দ্বারের খড়খড়িটা নামাইয়া দিয়া একটা রঙীন কাপড়ের পর্দ্দা ঝুলাইয়া দিলেন। তথাপি ছাত্রীগণ স্কুলে আসিলে দেখা গেল,-দুই তিন জন অজ্ঞান হইয়াছে, দুই চারিজনে বমি করিয়াছে, কয়েক জনের মাথা ধরিয়াছে, ইত্যাদি। অপরাহ্ণে মেম সাহেবা বাসের দুই পাশের দুইটী কড়খড়ি নামাইয়া দুই থও কাপড়ের পর্দ্দা দিলেন। এইরূপে তাহাদের বাড়ী পাঠাইয়া দেওয়া গেল।

সেই দিন সন্ধ্যায় আমার এক পুরাতন বন্ধু মিসেস মুখার্জ্জি আমার সহিত দেখা করিতে আসিলেন। স্কুলের বিবিধ উন্নতির সংবাদে আনন্দ প্রকাশ করিয়া বলিলেন,-"আপনাদের মোটরবাস ত বেশ সুন্দর হয়েছে। প্রথমে রাস্তায় দেখে আমি মনে করেছি যে আলমারি যাচ্ছে না কি–চারিদিকে

একেবারে বন্ধ, তাই বড় আলমারী বলে ভ্রম হয়! আমার ভাইপো এসে বলল, "ও পিসীমা! দেখ, সে Moving Black Hole (চলন্ত অন্ধকূপ) যাচ্ছে।"তাই ত, ওর ভিতর মেয়েরা বসে কি করে?"

তৃতীয় দিন অপরাহ্নে চারি পাঁচ জন ছাত্রীর মাতা দেখা করিতে আসিয়া বলিলেন, "আপকা মোটর ত খোদা কা পানাহ! আপ লাড়কীয়োঁ কো জীতে জী ক্বর মে ভয় রহি হয়াঁ।" আমি নিতান্ত অসহায়ভাবে বলিলাম, "কি করি, এরূপ না হইলে ত আপনারাই বলিতেন, "বেপর্দা গাড়ী।" তাঁহারা অত্যন্ত উত্তেজিত হইয়া বলিলেন, 'তব কেয়া আপন জান মারকে পর্দা করেঙ্গী? কালসে হামারী লাড়কীয়াঁ স্ডগুল নেহী আয়েঙ্গী।" সে দিনও দুই তিনটী বালিকা অজ্ঞান হইয়াছিল। প্রত্যেক বাড়ী হইতে চাকরাণীর মারফতে ফরিয়াদ আসিয়াছিল যে, তাহার আর মোটর বাসে আসিবে না।

সন্ধ্যার পর চারিখানা ঠিকানারহিত ডাকের চিঠি পাইলাম। ইংরাজী চিঠির লেখক স্বাক্ষর করিয়াছেন, "Muslim Brotherhood" বাকী তিনখানা উর্দু ছিল–দুইখানা বেনামী আর চতুর্থখানায় পাঁচজনের স্বাক্ষর ছিল। সকল পত্রেরই বিষয় একই–সকলেই দয়া করিয়া আমাদের স্কুলের কল্যাণ কামনায় লিখিয়াছেন যে, মোটরের দুই পার্শ্বে যে পর্দা দেওয়া হইয়াছে, তাহা বাতাসে উড়িয়া গাড়ী বে-পর্দা করে। যদি আগামীকল্য পর্যন্ত মোটরে ভাল পর্দার ব্যবস্থা না করা যায়, তবে তাঁহারা তাতোধিক দয়া করিয়া "থবিছ" "পলীদ" প্রভৃতি উর্দু দৈনিক পত্রিকায় স্কুলের কুৎসা রটনা করিবেন এবং দেখিয়া লইবেন, এরূপ বে-পর্দা গাড়ীতে কি করিয়া মেয়েরা আসে।

এ তো ভারী বিপদ,–

"না ধরিলে রাজা বধে,–ধরিলে ভুজঙ্গ!"

রাজার আদেশে এমন করিয়া আর কেহ বোধ হয় জীবন্ত সাপ ধরে নাই! অবরোধ-বন্দিনীদের পক্ষে বলিতে ইচ্ছা করিল,–

"কেন আসিলাম হায়! এ পোড়া সংসারে,
কেন জন্ম লভিলাম পর্দা-নশীন ঘরে!"

****